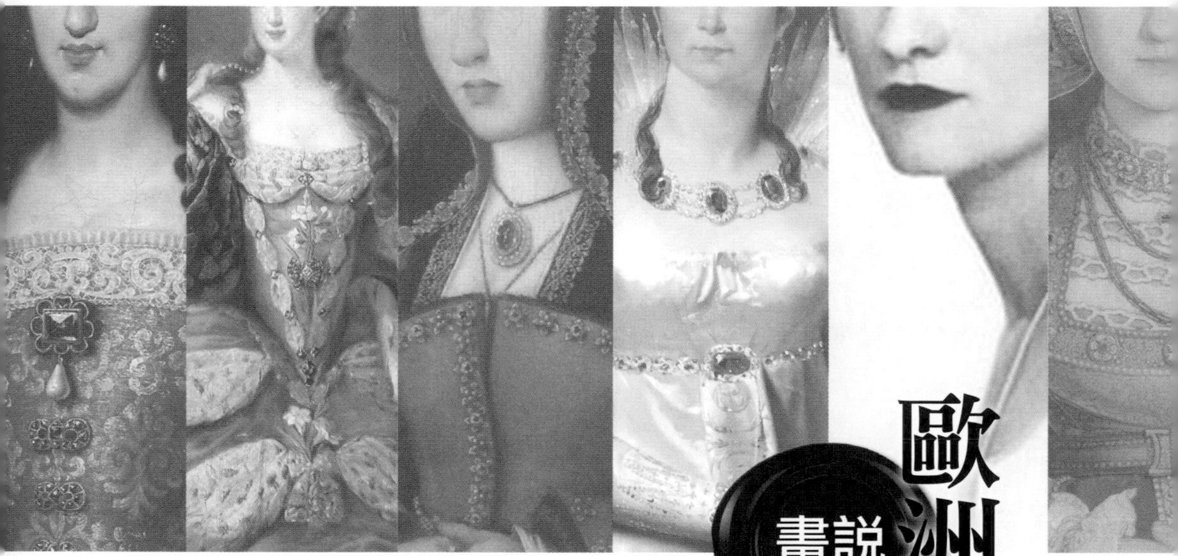

畫說歐洲王妃與情婦

The Portraits of European Queens and Mistresses

晨星出版

推薦序

換個角度看藝術

青田七六文化長 水瓶子

一直以來我都對歐洲藝術畫作特別地喜愛，我想最吸引我的是畫作背後的故事。每次進入博物館或是皇宮，聽著導遊、導覽人員描述後宮韻事講得口沫橫飛，聽完總覺得意猶未盡，通常都會購買畫冊回家欣賞，重讀歷史故事，實在回味無窮。

有人欣賞藝術是看畫家流派，有人是觀察構圖技法，但我想更多人是想了解這畫家所描述的故事，甚至是隱藏在背後的故事。聖經的故事中拔示芭，曾經先後是烏利亞和大衛王的妻子，也是所羅門的母親。打敗巨人的大衛王，搶奪下屬的妻子犯了色戒，上帝罰他不能建立聖殿，而由他兒子所羅門王來完成。通常我們只會看著畫然後說這段故事，從宗教的角度來勸誡人，但若換成歷史的角度來看這些畫作，我們是不是會得到不同的啟發呢？

《加布莉葉和她的妹妹》這幅畫，左手拿的戒指代表亨利四世的定情物，但是並沒有掛在手指上。妹妹捏著姊姊的乳頭，乳房象徵著一種權利，只有君王才能擁有的。而壁爐上方的畫，有一個男子的下半身裸露著，是否是代表男人都用下半身思考呢？

加布莉葉幫亨利四世一連生了三個孩子，據傳聞在１５９９年4月10日死亡時，最後一個小孩胎死腹中。不過，亨利四世並沒有正式娶加布莉葉為妻，所以有人推測是有心人士下毒。而加布莉葉的妹妹，最後也成為亨利四世的情婦。值得懷疑的是１５９４年的畫，竟知１５９９年加布莉葉死亡後的權力流向，難道畫家真的有預測未來的能力？

從古到今，無論東方或西方，無關男女，都有說不完的宮廷故事，從這些畫作背後都可以看透這些權利鬥爭的歷史。歐洲黑暗時代是禁止畫裸女，後來也只有神話故事中的女神可以裸露身體。誰不喜歡美的人事物？在這樣赤裸裸的身體背後，躲藏多少赤裸裸的權力鬥爭。讀完這本書之後，或許大家會有不同的感想！

彬彬寫作多年，過著的是我一直嚮往的生活、工作模式，她每年會到歐洲旅居，充電兼休閒。這本書不但是她多年來對於藝術欣賞的心得分享，也是讀歷史故事的整理。想想這些畫作的背後有那麼多不為人知的故事，或許發生地就是懸掛這些畫作的宮廷當中，如今都變成展覽館、博物館，讓人們在參觀中了解歷史。而今日我們只要拿著這本書就可以遨遊時空，真的是非常值得。

簡介

水瓶子是男人類水瓶星座，喜歡在無盡的深夜面對電腦螢幕，希望在有生之年完成拜訪書寫百大城市的容顏。迷上了無目的的城市散步，到世界各大城市留下足跡，走過一座橋想像這條河流的身世，想更了解背後的故事。喜歡逛美術館，對一張畫作背後的故事有濃厚求知的慾望，有更甚於八卦雜誌的感知能力。沉溺於咖啡的香氣與口感，享受各個咖啡館的獨特印象與美好時光，希望成為咖啡館內的紀實寫作者。

著有《在城市的彼端，我站著》、《寫給入門者的西洋美術小史》圖說、《台北咖啡印象》、《台北小散步》、《台北咖啡時光》等。

推薦序

藝術的故事

視覺藝術專任教師 邱于芳

第一堂美術課開始了，學生們姍姍來遲，懶洋洋地說：「老師，我不會畫畫，對美術也沒興趣，我可不可以睡覺？」

「那麼你們想不想聽一個八卦呢？」我問。

孩子們的眼睛忽然亮了，豎起耳朵專心起來。於是我一邊訴說亨利八世與六位妻子的故事，一邊講解肖像畫中，藝術家用何種方式傳達出畫中人物的性格與身分。

是的，藝術教育可以就是這麼輕鬆。多數人會覺得，要學會完整的畫一件作品才叫上美術課，其實藝術教育並不是要培養每個孩子成為專業藝術家，而是要讓每個孩子學會欣賞藝術，進而成為自己的「生活藝術家」。透過本書中名畫的故事，找到藝術與每個人之間的橋樑。孩子認識畫中的人物，並且對藝術產生共鳴，同時，能學會藝術家敏銳的觀察力和精準的表達力。像是維拉斯奎茲筆下瑪格麗特・德蕾莎公主不同時期的轉變：兒時肖像畫中天真可愛的睜著圓滾滾眼睛，到名作《仕女》中以灰暗服裝的女僕襯托公主雍容華貴，以及後來雖喪父卻要強忍傷心的模樣，每幅作品畫家都精采捕捉小公主的風采與神情，也讓腓力四世口中「我的喜悅」的瑪格麗特公主永恆被世人記得。對比另一件名作《加布莉葉和她的妹妹》，因畫作人物身分迴異，所以畫家以不同於維拉斯奎茲的紀錄手法，繪出嬌俏美豔的加布莉葉及她白皙無暇的全裸銅體，並安排嫵媚嬌柔的姿勢，挑逗觀者的視覺感官，同時也安排背景暗人物暗喻加布莉葉即將奪下皇后大位。

此外，當我們在敘述這些故事時，也應思考封建社會和現代的女性比較起來，女性是否真的自由了？在書中我們看到政治考量，硬被許配給身心都缺陷的國王的瑪麗・露易絲公主、愛好自由但被諸多責任壓得喘不過氣的西西皇后、到近代勇於追求自我卻被媒體窮追猛打的黛安娜王妃，女性看似能追求自己的幸福，但對照男性，社會對於女性的觀點還是較為保守。例如看待男性或女性外遇、以及失婚的方式，還是存在著許多不同，許多無形的枷鎖仍然禁錮著女性。所以嗎？性別真的平等了嗎？這些都應該以歷史為鑑，檢視現代社會中還有多少不公平。

下課鐘響了，故事還沒說完，

「好，亨利八世與第三任妻子珍・西蒙的部分我們下回分曉。」我說

「老師，下課了也沒關係啦！繼續講啦！」

「老師那我們可不可以下次早點來，妳就先開始講，我怕下次又講不完！」

說穿了，吸引孩子們的，或許是在於如連續劇般的歷史故事，但在欣賞藝術作品的過程中，孩子們享受了視覺的饗宴、認識了畫家們的表現手法，更思考了隱藏於故事中的意義，進而有了不一樣的視野。

不論你是好奇後宮王妃情婦們如何勾心鬥角，或是想瞭解名作的意義，藉著這樣一本書，拉近藝術與我們的距離，也讓我們體悟這些埋沒在歷史洪流中，美麗與哀愁的心聲。

簡介

喜歡與人相處、喜歡藝術，因此就算當了十年的藝術老師還是樂此不疲。近年來發現，多數孩子聽到「畫畫」兩個字不再躍躍欲試，對於認識藝術更是興趣缺缺，所以正努力嘗試用更特別的藝術教育方式，找回孩子喜歡塗鴉創作的天性，也希望讓更多懼怕藝術的人喜歡上藝術。

經歷

ACE美術魔法屋教師／明曜親子館美術教師／袖珍博物館藝術創作教學教師／學學文創志業藝術教師／台南市立文賢國中視覺藝術專任教師

作者自序

身在後宮的女人

陳彬彬

長年在歐洲旅行，每每看到雄偉的城堡，總會遙想幾百年前有誰住在這裡？他們發生過什麼故事？公主與王子的生活是否真像童話那樣夢幻美好？那些嫁入宮廷當皇后的女子，是否從此錦衣玉食，母儀天下，過著養尊處優的生活？然而在細讀歷史之後，就會發現這些女子一個比一個紅顏薄命，她們的物質生活或許比較優渥，但宮廷生活也有不少無奈與壓力，教人不禁掩卷長嘆，深自慶幸自己是活在現代的自由女性。

在過去的王權時代，世界是由男人主宰的。被國王看上，或是嫁入王室的女人，也只能在後宮之中努力求生，確保地位長久不墜。國王的女人雖然不好當，但只要能得到國王的歡心與信任，就是源源不斷的財富和榮耀。有些聰慧的皇后或情婦甚至插手朝政，宛如地下的總理大臣或外交使節，極盡呼風喚雨之能事。但是如果沒有足夠的智慧和手段，失寵事小，一不小心就可能遭到廢黜，甚至身首異處。歷史上遭流放、斬首、五馬分屍的皇后也不在少數，還有一些后妃往往就在後宮的爭鬥中香消玉殞，死得不明不白。雖說那是男人以男人為重的世界，但後宮的故事也相當精采。

歷史上有不少出名的皇后，她們可歌可泣的故事經常被拍成電視或電影。例如英國第一位上斷頭台的皇后安妮．博林，或是死在法國大革命的法國皇后瑪麗．安東妮。然而有更多的宮廷后妃生平實在很簡略，在歷史上往往只是輕描淡寫的帶過。世人對亞歷山大大帝、查士丁尼大帝都不陌生，但對於他們背後的女人所知卻很有限。或許以歷史的角度來看，國王的豐功偉業才是重點，宮廷中的女人只是國王的附屬品，不值得替她們大書特書。於是她們曇花一現的人生，往往就這麼淹沒在歷史的長河中。

所以我決定寫一本書，專門聊聊歐洲宮廷后妃的故事。從她們的人生際遇去側寫當時的歷史文化，帶大家再次認識後宮這些傳奇女子。她們的故事相當精采，有的從妓女飛上枝頭變鳳凰；有的梅開二度，先後當過法國、英國的皇后。還有的足足大了國王二十歲，卻能讓國王愛得死心塌地，把正宮皇后都晾在一旁。不管古今中外，女性在追求權力地位的路途上，向來更為辛苦坎坷。且看這些美麗紅顏如何在後宮的世界出人頭地，又如何身陷危險，無福薄命吧！或許我們能從這些江山美人的世俗智慧中，悟出一些心得和警惕。

目錄 Contents

文藝復興篇

巴洛克篇

近代篇

古代篇

這是個充滿神話、傳說的古老年代。男女的交往與床第之事，有婚姻制度和宗教儀式的重重保障。但宮廷之中仍不時有男男戀、人獸交、兄妹結婚的情節上演。究竟哪些是史實？哪些只是穿鑿附會？恐怕難以一一釐清……

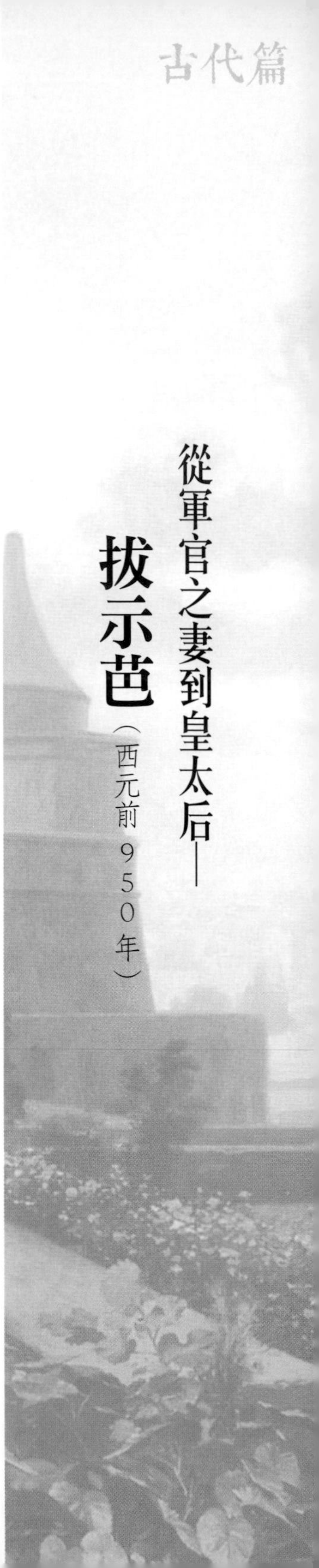

從軍官之妻到皇太后——拔示芭（西元前950年）

拔示芭大概是聖經故事中最綺麗的一段。就連打敗巨人歌利亞，統一以色列王國的大衛王也不禁拜倒在她的石榴裙下，一世英明的君王從此蒙上失德的汙點。

拔示芭是軍人烏利亞之妻，丈夫在前線打仗，她帶著奴僕在家安靜過日子。感覺就是平凡主婦的居家生活。但是他們家就在大衛王的宮殿附近，有一天她在家裡沐浴更衣的時候，大衛正好在皇宮的屋頂平台乘涼。他看到有如出水芙蓉般的拔示芭，一時驚為天人，馬上差人打聽這位美女的身分，隨後就託人捎信，邀她到宮中一聚了。

沒多久拔示芭發現自己懷孕了，她的丈夫還在前線打仗，萬一這樣的醜事被人發現，她肯定因為姦淫之罪而遭亂石打死。無奈之下只好託人送信給大衛王，告知她已經懷孕的事。大衛為了掩飾自己的罪行，迅速把烏利亞從前線召回來。原本他的如意算盤是讓烏利亞回家和拔示芭同房，這樣小孩就明正言順推給烏利亞了。只可惜烏利亞是個木訥正直的軍人，他恪守當時的軍令，現役軍人是不得接近女色的。他的軍中同袍正在辛苦抗敵，自己怎麼可以

沐浴中的拔示芭 1728 年

利契 Sebastiano Ricci（1659~1734）
油彩．畫布 118 x 199cm
匈牙利 布達佩斯美術館

沐浴後的拔示芭有種「侍兒扶起嬌無力」的嫵媚姿態。如此旖旎的春光，難怪陽台上的大衛會一見傾心了。

貪戀妻子的溫柔美麗呢？烏利亞甚至連家也不肯回，晚上就留在王宮的軍隊中。任憑大衛再怎麼以美酒佳餚勸誘，烏利亞還是不為所動。

大衛無奈，只好寫了一封密令給烏利亞的長官約押，要他派烏利亞到最危險的前線打仗，並在激烈的戰況中拋棄他，好讓他死在敵人手裡。最諷刺的是這封密令還是讓烏利亞親自帶回軍中的。沒多久烏利亞就戰死沙場了。拔示芭為丈夫舉喪，但大衛很快就把孀居的拔示芭娶回家了。大衛有八個妻子，但他似乎最為疼愛拔示芭。

不過這樣的失德罪行讓耶和華極為不悅。大衛和拔示芭的孩子一出生就身染重病，大衛自知罪孽深重，還以七天七夜禁食的苦行為孩子祈禱，但孩子還是夭折了。大衛和拔示芭自然很傷心，大衛知道

大衛與拔示芭 1562年
馬賽斯 Jan Massys（1510~1575）
油彩・畫板 162 x 197cm
巴黎羅浮宮

大衛年輕時除了是殺死巨人的英雄，更是出色的音樂家。面對美麗的人妻，想必要使出一番勸誘的功夫，才能讓拔示芭接受他的求愛。

這是上帝降罪於己，只能深深懺悔以祈求耶和華的原諒。後來拔示芭陸續又替大衛生了三個兒子，顯然上帝最後還是原諒他們了。大衛很高興，答應將來要立拔示芭生的兒子所羅門為王。或許拔示芭意識到自己的身分很容易遭人非議，她在宮中的生活似乎非常低調。但整個以色列王國還是因此展開一場激烈的內戰。

由於大衛脫口要讓拔示芭的兒子繼承王位，這番話自然讓他的另外兩個兒子大為不滿。尤其是大衛的三兒子押沙龍，他相貌出眾，一直受到大衛王的疼愛，原本王位的繼承權是非他莫屬的，父親奪人之妻的行為已經不對，現在還要他讓出太子之位，這口氣他怎麼也嚥不下去，於是他開始密謀叛變，花了四年的時間暗中攏絡人心、集結人馬。然後就自行稱王，公開和父親宣戰了。為了證明新國王的權力，押沙龍在眾人面前公開

拔示芭 1654 年

威倫・卓斯特
Willem Drost
（1633~1659）
油彩・畫布 103 x 87cm
巴黎羅浮宮

拔示芭手裡拿著大衛王的信，想必內心有一番交戰。國王來信邀約，她究竟該不該應邀前往皇宮呢？

與大衛王的十位嬪妃性交。父親既然奪人之妻，他也能十倍奉還。

最後大衛王的軍隊獲勝，押沙龍遭士兵殺害，叛亂終於弭平。但大衛絲毫沒有勝利的感覺。押沙龍一直是他深愛的兒子，父子兵戎相見，最後導致親生骨肉慘死，這實在讓大衛傷心欲絕，他一下子蒼老很多，從此無心政務，似乎自知來日無多了。這種情況讓押沙龍的弟弟亞多尼雅覺得有機可乘，他自認是父親的接班人，開始以國王的架勢和陣仗自居。

拔示芭發現情勢不妙。大衛年老力衰，又無心管事。萬一亞多尼雅真的當上猶太王，她和兒子肯定遭到殺害。為了捍衛兒子的繼承權，她跪在大衛面前，提醒他別忘了在上帝面前發過誓，要將王位傳給所羅門。她懇請大衛別再坐視亞多尼雅以王自居的叛逆行事。於是大衛下令替兒子所羅門加冕，確定了他的王位。亞多尼雅知道弟弟遠比自己聰明有才幹，就向所羅門王求和。於是所羅門正式登基，開創另一個盛世，人稱「智慧的所羅門王」。他尊封母親為「皇太后」，拔示芭成為以色列王朝第一個得此殊榮的女人。這是當時女性最高的權力地位了。

拔示芭一生的際遇既奇特又幸運。雖然她不忠於丈夫烏利亞，但責難多數落在大衛身上。畢竟一開始是大衛主動去勸誘拔示芭，還暗自殺掉她丈夫的。拔示芭似乎柔弱地處於被動、順從的地位。但也有現代學者提出不同的看法。認為在那個極端重視女子貞潔的年代，少婦沐浴的場所應該是絕對隱蔽的。怎麼可能如此輕易

沐浴的拔示芭　1485 年

孟陵 Hans Memling（1435~1494）
油彩，木板　191x84 cm
德國司徒加國立美術館

渾圓的小腹是北方文藝復興的美女標準，也暗喻拔示芭孕育著新生命。

拔示芭 1889 年

傑洛姆 Jean-Leon Gerome（1824~1904）
油彩・畫布 99 x 61cm
私人收藏

在傑洛姆所詮釋的畫作中，並沒有大衛王的身影，不過在這樣開闊的平臺沐浴，背景中的每一座高樓應該都看得到吧？

地讓外人看見呢？一個是薪餉微薄的低階軍官，一個是位高權重的盛世君王，有沒有可能是拔示芭刻意春光外洩，以吸引大衛王的注意？不管真相為何，拔示芭能夠從平凡的軍人之妻，再以寡婦的身分嫁進皇宮。處在政局暗潮洶湧、後宮嬪妃爭寵的險惡環境中，她知道如何明哲保身，低調教養出聰穎、精明的兒子，並且在關鍵時刻力挺他登上王位，繼而晉身為尊榮的皇太后，她肯定具備了高度的智慧才辦得到。她堪稱是史上難得一見的美麗奇女子。

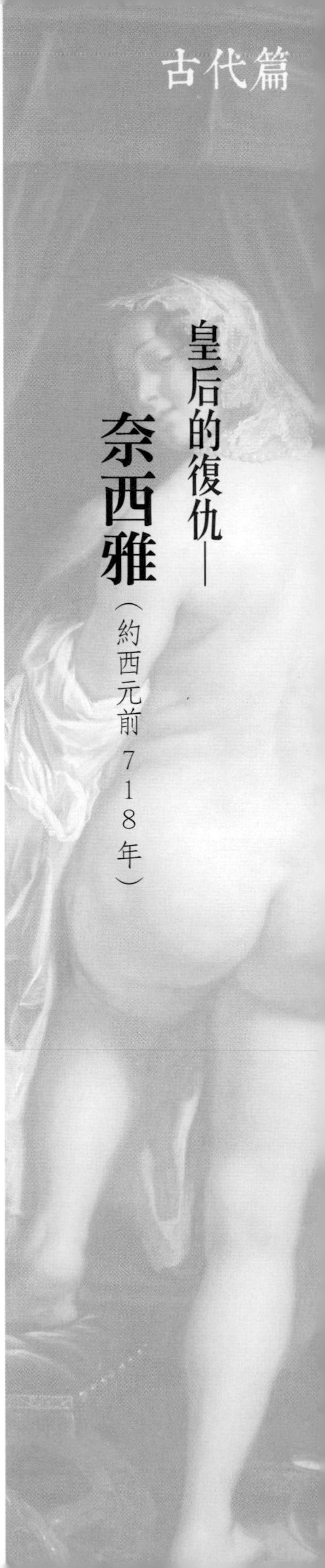

皇后的復仇——奈西雅

（約西元前718年）

古希臘作家希羅多德所寫的《歷史》一書，是西方史學首部較完備的歷史著作。其中有段描述呂底亞王國改朝換代的故事，堪稱是憤怒皇后的復仇記。

呂底亞位於小亞西亞中西部，是古代濱臨愛琴海的繁榮國家。現今為土耳其的一部分。

呂底亞的赫拉克利斯王朝傳了二十二代，最後一任國王叫康道爾。他的皇后奈西雅擁有驚人的美貌，常讓他喜不自勝，忍不住想和人分享這麼愉悅的心情。他經常向親兵侍衛蓋吉斯吹噓皇后有多美多美。不過皇后深居內宮，不管再美也只有國王一個男人得以欣賞。國王看到蓋吉斯只是唯唯諾諾地點頭稱是，難免有些悵然若失，要是別的男人知道他有多麼幸運就好了。

有一天康道爾國王又開始吹噓皇后的美貌。但蓋吉斯依然只是恭謹地站在一旁，沒有豔羨或神往的表情。國王忍不住就說：「你似乎不相信皇后有多麼嬌美可愛。人們總說百聞不如一見，與其我在這裡說破嘴，倒不如讓你眼見為憑。如果你看到皇后的裸體，就知道我說的一點

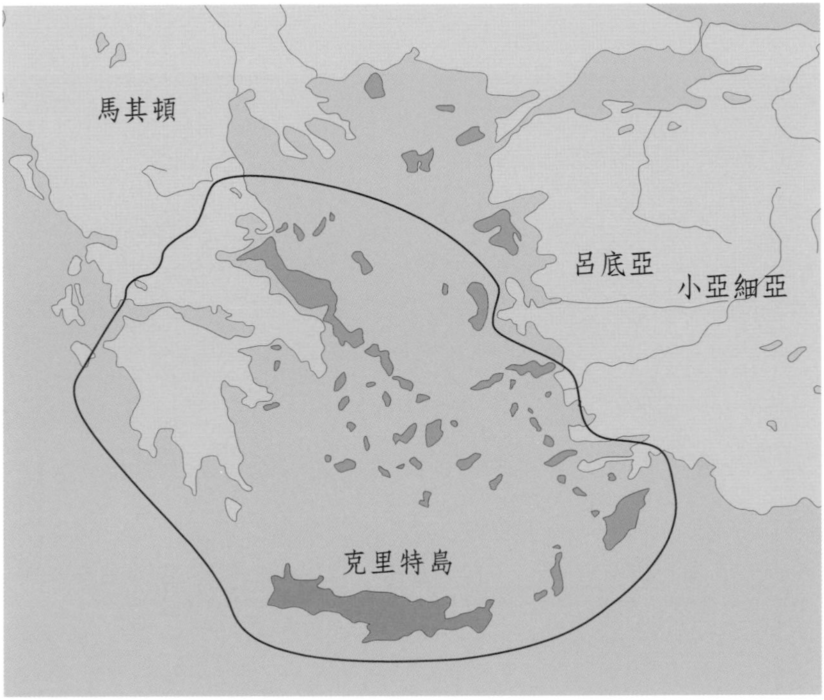

呂底亞位於小亞西亞中西部，是古代濱臨愛琴海的繁榮國家。現今為土耳其的一部分。

也不假了。」蓋吉斯當然拒絕了，他不想冒犯尊貴的皇后。不過他也怕國王喜怒無常，雖然此刻是國王主動邀他見證皇后的美麗胴體，但如果他真的接受邀約，哪天國王反悔動怒，誰知道他會受到什麼樣的處罰呢？只是不管蓋吉斯如何婉拒、推辭，康道爾國王還是相當堅持。蓋吉斯沒辦法忤逆國王的命令，最後只好勉為其難地同意了。

於是康道爾國王開始興致勃勃地計劃起來。他要蓋吉斯躲在國王寢宮的門後，以便偷偷觀看皇后寬衣解帶，等皇后背轉身體，準備上床就寢的時候，他就可以悄悄離開寢宮，不致於打擾國王和皇后的恩愛。計劃執行當晚，蓋吉斯依約躲在門後，果然看到皇后褪下層層衣裳，露出光滑細嫩的肌膚。就在蓋吉

康道爾國王向蓋吉斯展示妻子奈西雅的美麗
約 1540 ～ 1550 年

義大利文藝復興時期作品
錫釉瓷盤 5.4 x 30.3cm
美國巴爾的摩 瓦特斯博物館

康道爾國王執意讓蓋吉斯看看美麗的皇后，結果卻惹來殺身之禍。皇后依然是皇后，但國王從此換人做做看。

康道爾國王 1859 年

傑洛姆 Jean-Léon Gérôme 1824~1904 年
油彩．畫布 67.3 x 99cm
波多黎各 龐塞藝術博物館

法國畫家很喜歡以女性的裸背和翹臀來表現人體之美。畫中的康道爾皇后果然婀娜多姿，美麗動人。

斯悄悄退出寢宮之際，皇后卻看到他的身影。她一眼就認出那是國王的貼身親兵侍衛蓋吉斯。

皇后又羞又氣，但表面不動聲色。她知道如果沒有國王放行，其他男人怎麼可能混進皇后寢宮？古代尋常人家的女子就非常重視貞節了，更何況是一國的皇后呢？康道爾皇后不但氣憤蓋吉斯帶給她莫大的羞辱，更氣丈夫這樣輕賤妻子的名節。她深深覺得遭到背叛，決心要展開報復。

隔天皇后把蓋吉斯召來。蓋吉斯原以為皇后只是要交辦一些例行公事，沒想到一踏入房間，皇后立刻責罵他昨晚的惡劣行徑，如此膽大妄為實在不可饒恕。蓋吉斯嚇得魂飛魄散。皇后給他兩條路，一是立刻受死，二是立刻殺了策劃這件事的國王。她宣布：「你們兩個只有一個人能活，因為我的裸體只能專屬一個人，不能給第二個人看。」

康道爾國王展示妻子 1646 年

喬登斯 Jacob Jordaens（1593~1678）
油彩．畫布 193 x 157cm
瑞典斯德哥爾摩 國立美術館

古時候生活條件不好，豐腴的體態才是富貴、美麗的象徵。圖中的奈西雅就如同唐朝的楊貴妃一樣，她的回眸一笑是那麼雍容華貴，讓蓋吉斯看得目不轉睛。

蓋吉斯相當為難。他不想弒君，但是也不想掉腦袋，所以他拼命懇求皇后不要逼他做這種決定，但是皇后不為所動，她鐵了心要殺掉其中一人。最後蓋吉斯為了自保，只好選擇背叛國王。

康道爾國王執意讓蓋吉斯看看美麗的皇后，結果卻惹來殺身之禍。皇后依然是皇后，但國王從此換人做做看。

皇后決定以其人之道還治其人之身。她安排蓋吉斯躲在寢宮門後，趁著國王上床熟睡之際，再讓蓋吉斯悄悄殺了他。赫拉克利斯王朝就此結束，蓋吉斯娶了皇后，成為美納德王朝的開國之君。

皇后奈西雅以極端的手段報復康道爾國王，但因為蓋吉斯已經看過她的裸體，皇后最後還是嫁給他。像這種刻板守貞的作法恐怕只有古代才可能發生。倒是康道爾國王的名字流傳至今，變成 Candaulism 一字，專指喜歡讓第三者偷窺自己和另一半歡愛，藉此得到滿足的性幻想或性癖好。或許每個人都有好奇、窺探的心理。但如果因此侵犯到他人隱私，恐怕要付出相當大的代價。

康道爾皇后

約 1855 ～ 1856 年

竇加

Edgar Degas（1834~1917）

油彩・畫布

竇加經常以窺伺者的角度去描繪女子梳洗沐浴的情景。這是他以近代畫風重新詮釋的古代題材。

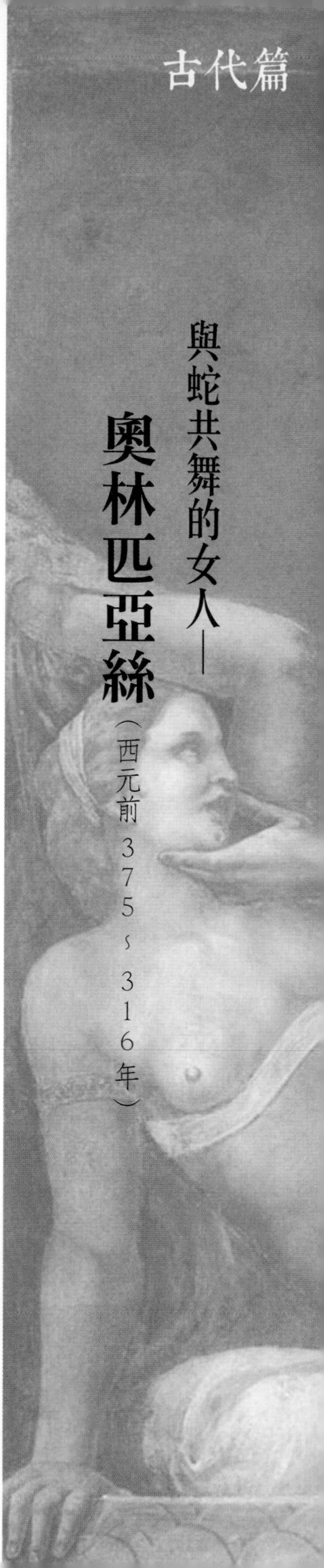

與蛇共舞的女人——奧林匹亞絲（西元前375～316年）

奧林匹亞絲是誰？一般人可能不太有印象。但是一提到亞歷山大大帝，大家多少都知道古代馬其頓帝國有這樣一位偉大的軍事領袖。奧林匹亞絲正是亞歷山大的母親。一位非凡的少年英雄，背後肯定有位不平凡的母親。是的，奧林匹亞絲絕對是一位特立獨行的奇女子。

奧林匹亞絲是古希臘小國伊庇亞斯的公主。據說她是希臘第一勇士阿基里斯的後代，她崇信酒神狄奧尼索斯，經常在祭祀酒神的慶典中一邊跳舞，一邊舞弄溫馴的大蛇。馬其頓國王腓力二世為之驚豔，他四處征戰，陸續已經娶了三個外國新娘，藉此鞏固新征服的版圖。不過那些王公貴族的閨女向來端莊溫婉，腓力二世從沒見過這麼大膽奔放、充滿野性美的少女，於是奧林匹亞絲在十八歲那年成了腓力二世的第四位王后。

兩人新婚就出現許多異兆。先是奧林匹亞絲在結婚前夕夢見一道閃電擊中她的肚子，大火隨即吞沒一切。沒多久腓力二世也夢到自己以蜂蠟封住奧林匹亞絲的子宮，封蠟上印著獅子的圖案。古希臘人相信偉人誕生之前必有徵兆。先知告訴腓力二世不需擔心，

阿姆菲斯的女人們 約 1887 年

亞瑪泰德瑪

Sir Lawrence Alma-Tadema（1836~1912）

油彩・畫布 182.8 x121.8cm

私人收藏

在酒神的狂歡祭祀中，總是大口喝酒、大口吃肉，狂歡跳舞到筋疲力盡為止。

這表示奧林匹亞絲將生下和獅子一樣勇猛的小王子，也就是日後的亞歷山大大帝。

不管是否受到異兆影響，奧林匹亞絲深信她的兒子將來一定會有大成就，她開始干預政事，積極替兒子的接班佈局。這種咄咄逼人的態度讓腓力二世很感冒，加上喜歡玩蛇的奧林匹亞絲有時夜裡會和大蛇同寢，宮中謠傳亞歷山大不是國王的親骨肉，就連腓力二世也這麼想，他認為奧林匹亞絲八成和宙斯有一腿，因為宙斯最愛化身動物到凡間勾引美女了。兩人的關係愈來愈差，昔日的弄蛇美女讓國王著迷，如今的蛇巫婆讓國王厭惡，只能說君王向來有顆善變的心。

善變的腓力二世果然又愛上別的女人，再娶馬其頓貴族優里狄絲為第五位王后。敢愛敢恨的奧林匹亞絲可不願留下來當深宮怨婦，她憤而帶著亞歷山大出走，暫時回祖國投靠哥哥。優里狄絲替腓力二世生下一兒一女，這可是眾望所歸、純正馬其頓血統的繼承人。不過奧林匹亞絲可不會就此認輸，她乾脆暗示亞歷山大確實是宙斯之子，如此尊貴的地位就連腓力二

宙斯引誘奧林匹亞絲 約 1526 ～ 1528 年

羅曼諾 Giulio Romano（1499~1546）
濕壁畫 義大利曼圖亞 得特宮

宙斯化身為蛇，和奧林匹亞絲歡好，腓力二世被老鷹遮住了眼睛，只能暗自懷疑事有蹊蹺。

世也比不上。說也奇怪，不久之後腓力二世就遭親兵侍衛刺殺身亡，雖然古代文獻沒有明確交代這次暗殺的動機，有人說凶手是腓力二世的男情人在爭風吃醋（在那個古老年代，同性戀不會被刻意貼上標籤。國王可以有女情人，也可以有男情人），有人說是波斯國王大流士陰謀指使。不過奧林匹亞絲很快就回到馬其頓王國，還以隆重的儀式厚葬凶手，很難不讓人聯想她可能是這場暗殺的幕後黑手。

為了鞏固亞歷山大的繼承權，奧林匹亞絲將優里狄絲和她的子女活活燒死，順利讓年僅二十歲的亞歷山大登上王位。不過這樣的殘忍手段連亞歷山大也看不過去。他雖然很敬重母親，但從此盡量避免讓奧林匹亞絲干預政事。亞歷山大將馬其頓王國交給大將安提帕特治理，自己揮軍遠征，繼續開疆闢土的大業。這一別母子二人再也不曾見面，只能靠書信往返保持聯絡。不過奧林匹亞絲從來不是甘於平淡的女人，兒子在外打仗，她忍不住要插手馬其頓的朝政，可想而知她和負責攝政的安提帕特很快就交惡了。

年輕的亞歷山大果然勇猛如獅，他不但統一希臘，還征服波斯和其他亞洲國家，最遠甚至攻打到印度邊界。只可惜在巴比倫突染急症去世，享年只有三十三歲。奧林匹亞絲知道少了兒子的庇護，自己的性命岌岌可危。她一心扶持亞歷山大的遺腹子繼承王位，無奈孩子年幼，根本敵不過手握重兵的安提帕特和他的兒子卡山德。經過長年的明爭暗鬥，最後由卡山德勝出取得王位，他下令處死奧林匹亞絲，甚至不幫她舉行喪禮，可見雙方的積怨有多麼深。

雖然奧林匹亞絲的下場不算太好。但是她生了一個讓母親深感驕傲的兒子，看著他成為名垂青史的傳奇英雄，她這一生也算是轟轟烈烈了。喜歡追求刺激、與蛇共舞的女人，勢必也知道其中的風險，這應該是奧林匹亞絲義無反顧的選擇吧！

腓力二世

古金幣
法國巴黎 徽章古幣博物館

西元三世紀時期的羅馬金幣，上面鑄造的人頭正是腓力二世。

奧林匹亞絲

古金幣
希臘 塞薩洛尼基考古博物館

奧林匹亞絲並沒有畫像流傳至今，僅有一枚古金幣在 1902 年被挖掘出來。從鑄幣上的人像看來，奧林匹亞絲確實是一位美麗的奇女子。

美麗孤獨的星星——羅珊妮（西元前343～309年）

羅珊妮是大夏古國（今阿富汗）的皇族。她的名字原義是「小星星」，是一位明豔照人、備受父母呵護的小公主。在亞歷山大大帝遠征波斯途中，就娶了羅珊妮為王后。

原先羅珊妮的父母把她保護得很好，因為大夏國有絕佳的天然屏障——索地安巨岩。這裡向來是皇家避難所，只要有外敵入侵，國王就會把家人送到峭壁上方的堡壘避難。自古以來從來沒有敵人能攻下這座巨岩峭壁，大夏國王總以為他們擁有堅不可摧的最後防線。

當亞歷山大攻打到大夏時，曾經要求他們投降。但大夏國王卻告訴他，除非找到「有翅膀」的軍隊，否則他們別想攻下這個國家。於是亞歷山大重金徵求自願者，只要能爬上峭壁就可以得到豐富的賞金。這下果真募集到三百名攀岩好手，

亞歷山大與羅珊妮 1756 年

羅塔利 Pietro Rotari（1707~1762）
油彩．畫布 243 x 202cm
俄國聖彼得堡 艾米塔吉博物館

據說羅珊妮的美貌讓眾人眼睛一亮，連亞歷山大也對羅珊妮驚豔不已。

亞歷山大對抗波斯大流士三世（局部）

鑲嵌壁畫 約西元100年
義大利那不勒斯 考古博物館

龐貝出土的文物中，包含一幅氣勢磅礴的戰爭鑲嵌畫，內容是亞歷山大率軍攻打波斯王國的大流士三世。圖為亞歷山大騎著他的愛駒布西發拉斯。

他們利用帳棚樁和麻繩，趁著夜晚爬上峭壁。過程中雖然跌落了三十人，但其餘好手果然成功登頂。他們依照亞歷山大的命令，登頂之後每個人手中都揮動著亞麻布。亞歷山大要大夏國的軍隊抬頭看，表示他的軍隊果然「拍著翅膀」登上峭壁了。大夏國王遠遠看到山頂有群揮動翅膀的士兵，心裡真是駭異極了。他不但馬上投降，還答應把羅珊妮嫁給亞歷山大。亞歷山大就這樣智取大夏國。其實能登頂的就只有寥寥數百人，亞歷山大的主力部隊根本就無法攻上峭壁堡壘。

根據史書上的記載，亞歷山大對芳齡十六的羅珊妮一見鍾情，馬其頓大軍紛紛表示除了大流士的皇后以

亞歷山大與羅珊妮的婚禮 約 1517 年

索多馬 Il Sodoma（1477~1549）
溼壁畫
義大利羅馬 法爾內西納莊園

亞歷山大把后冠遞給羅珊妮，值得玩味的是他的同性好友赫菲斯欽就站在亞歷山大身後，他搭著結婚之神海曼的肩膀，一同出席這場婚禮。

外，羅珊妮是他們見過最美、最可愛的亞洲女子。亞歷山大入境隨俗，以大夏的禮俗迎娶羅珊妮，他以佩劍將婚禮的麵包一切為二，和羅珊妮分食共享。這樣的舉動果然讓大夏國王龍心大悅，也降低當地人對他們的敵意。只能說亞歷山大確實是一位才智兼備的軍事家。

不過所謂英雄配美人的「天作之合」說，很可能只是官方文獻的漂亮詞令。自古以來皇室聯姻很少是愛情的結合。亞歷山大最愛的是青梅竹馬的同性友人赫菲斯欽。雖然母親奧林匹亞絲企圖拆散兩人的愛戀，甚至替亞歷山大安排眾多美女，但亞歷山大對女色似乎興趣缺缺，他只願意有赫菲斯欽相伴。事實上他和羅珊妮結婚時，赫菲斯欽還陪在一旁當伴郎呢！亞歷山大只是效法父親腓力二世的方式，每次征服重要國家，就和該國公主結婚，美其名是結盟鞏固權力，其實也有牽制對方的作用。他

大流士家人面見亞歷山大

迪吉安尼 Gaspare Diziani（1689~1767）
油彩．畫布 135 x 109cm
私人收藏

大流士三世戰敗逃亡後，他的妻女遭亞歷山大所擒。據說大流士三世的妻子是全世界最美麗的女人。值得欽佩的是亞歷山大始終以皇家之禮對待這些女眷，最後還娶了大流士的女兒史塔黛拉。

不但自己身體力行，也鼓勵士兵和當地女子結婚，這麼一來，當大軍繼續遠征，就不怕這些已經投降的國家再起異心了。幾年後亞歷山大征服了波斯王國，也娶了大流士三世的女兒史塔黛拉。羅珊妮在愛情上敵不過赫菲斯欽，在地位上又有其他競爭者，她的日子恐怕不會太好過。加上亞歷山大到處征戰，羅珊妮還跟著他遠征印度，辛苦的軍旅生活肯定沒有峭壁上的避風港安逸舒服。

更險惡的情況還在後頭。羅珊妮和亞歷山大結婚的第六年，生活起了重大變化。先是赫菲斯欽得了重症不幸身亡。傷痛欲絕的亞歷山大將密友的遺體運到巴比倫舉行盛大的追悼儀式，還打算立碑紀念他。沒想到幾個月後亞歷山大自己也染上急症，無緣看到紀念碑的完成就去世了。羅珊妮此時已經懷孕，眾將領在亞歷山大彌留之際還特地請示帝國繼承人選的問題。亞歷山大迷迷糊糊的回答：「要給最強的。」這句話讓馬其頓王國陷入內戰，各地

亞歷山大與波魯斯 1665 年

勒布倫 Charles le Brun（1619~1690）
油彩．畫布 470 x 1264cm 法國巴黎 羅浮宮

路易十四對亞歷山大大帝征服世界的故事很感興趣，特地命人將遠征的故事畫成四幅巨型壁畫。圖為亞歷山大遠征印度波魯斯王的故事。

將領爭相證明自己是「最強的」。羅珊妮雖然替亞歷山大生下一個兒子，但是這反而讓她的處境凶險萬分。為了保護自己和孩子，她密謀殺害史塔黛拉，然後帶著兒子投靠亞歷山大的母親奧林匹亞絲，這才僥倖挨過十多年。只不過「繼業者」戰爭最後由卡山德勝出，他下令殺害奧林匹亞絲之後，隨後就暗中毒死羅珊妮和亞歷山大十二歲的兒子。好不容易掌握了大權，他是不可能讓亞歷山大的血脈長大成人的。

原本是美麗可愛的小公主，卻因為嫁入帝王家，捲入政爭而香消玉殞。羅珊妮的際遇實在讓人同情惋惜。她也許曾經像星星般美麗燦爛，卻是最寂寞、無奈的一顆孤星。

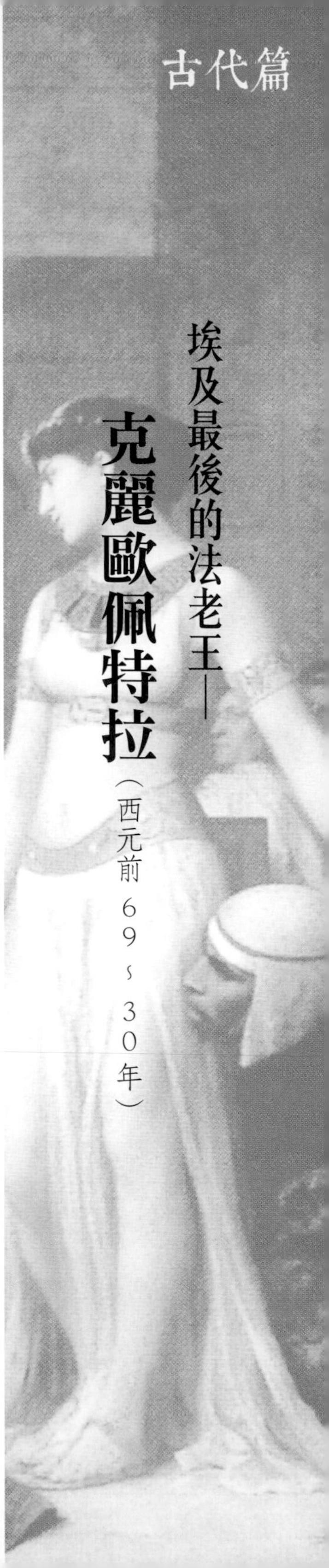

埃及最後的法老王——克麗歐佩特拉（西元前69～30年）

人稱「埃及豔后」的克麗歐佩特拉，堪稱古代最著名的傳奇女子。她是埃及托勒密家族的一員。這個王朝最早始於亞歷山大大帝派駐在埃及的將領，後來亞歷山大一死，馬其頓王國陷入內戰，根本管不到埃及，於是托勒密就在埃及自立為王，建立托勒密王朝，所以托勒密王朝的法老王其實是說希臘語的，克麗歐佩特拉是唯一學會埃及語的王室成員。她會說九國語言，在宮中設有五十萬卷藏書的圖書館，是聰明博學、才貌雙全的女法老。

克麗歐佩特拉從十四歲開始就和父親托勒密十二世一起治理國家。父親的遺囑原本是讓當時十八歲的克麗歐佩特拉和十歲的弟弟托勒密十三世結婚（這是埃及的習俗），繼續共治埃及的模式。不過克麗歐佩特拉根本不想和年幼的弟弟分享權力，在兩人共治的三年中，她處心積慮要成為單獨的統治者，卻也因為這種違背傳統的行逕，最後被流放到異國，遠離宮廷的權力鬥爭。

在凱撒面前的克麗歐佩特拉 1866 年

傑洛姆 Jean-Léon Gérôme（1824~1904）
油彩．畫布

埃及豔后從地毯中現身，連當時已經五十多歲的凱撒也不禁怦然心動，把即將到手的江山又還給這位美麗的法老王。

趕走克麗歐佩特拉以後，年幼的托勒密十三世難有作為，大權落到宦官和大臣手中。當時的托勒密王朝每年都要進貢大批財富向羅馬帝國示好，如今埃及忙著爭奪王位，外交方面就沒有那麼周密了。羅馬執政官凱撒率軍進駐埃及，美其名是斡旋調停王室的紛爭，其實想趁機滅了埃及，將之收歸羅馬所有。當克麗歐佩特拉知道凱撒抵達首都，深知這是她奪取大權的好機會。據說她藏在一捲埃及地毯中，再託親信僕人將地毯偷偷運進皇宮。當僕人展開地毯，凱撒眼前為之一亮。眼前的麗人不但美貌出眾，更能侃侃而談，當天凱撒就改變主意，決定助她取得王位，當晚克麗歐佩特拉就成為凱撒的情人。

克麗歐佩特拉替凱撒生了一個兒子，還帶著兒子陪凱撒回到羅馬。凱撒將他們母子安置在他的私人莊園中，如此一來他和外國女王的曖昧關係不言自明。羅馬人對此相當不滿，因為凱撒已經有名媒正娶的羅馬妻子了，現在弄來一個埃及豔后，還以埃及艾西斯女神的模樣替她塑造黃金雕像，大剌剌地放置在羅馬神廟中，頗有喧賓奪主的意味。後來凱撒遇刺身亡，克麗歐佩特拉知道羅馬情勢對自己不利，於是帶著兒子回到埃及。

凱撒死後，羅馬由後三頭聯盟執政，但是屋大維和馬克·安東尼的嫌隙日深。馬克·安東尼的權力逐漸被架空，他有心聯合埃及來壯大自己，於是派人請克麗歐佩特拉到駐軍所在的土耳其一見，以便試探她的忠誠立場。克麗歐佩特拉有心讓馬克·安東尼留下深刻印象，彰顯埃及的豐厚財富都可以任他運用，她換上最迷人的衣服，以最盛大的排場前往會面。馬克·安東尼果然驚豔不已。席間克麗歐佩特拉甚至和他打賭，可以辦一桌價值千萬，豐盛百倍的筵席回請安東尼。馬克·安東尼不信，於是兩人約下賭局。隔天宴席重開，看起來也沒什麼特別之處。但是克麗歐佩特拉端來一杯酸醋，從耳環解下一顆價值千萬的珍珠，把它丟進醋中溶解，要馬克·安東尼喝下這杯價

安東尼與克麗歐佩特拉 1883 年

亞瑪泰得瑪 Alma-Tadema（1836~1912）

油彩．畫布 65 x 92cm　私人收藏

克麗歐佩特拉打扮成愛神的模樣，乘坐華麗的花船前往會見馬克．安東尼。當地人紛紛耳語這是愛神和酒神的結合。

值千萬的飲料。馬克．安東尼輸得心悅誠服，埃及豔后再度以美貌和智慧征服一位羅馬大將。馬克．安東尼隨她回到亞歷山卓，共度了一個恩愛甜蜜的冬天。當然兩人的結合也有現實的考量。馬克．安東尼需要埃及的金援，克麗歐佩特拉需要馬克．安東尼幫她鞏固政權。她的妹妹阿爾西諾伊曾經策反失敗，最後避居以弗所的神廟。該地歸羅馬所管，克麗歐佩特拉眼看妹妹頗有捲土重來之勢，她唆使馬克．安東尼殺了她，除掉自己的心頭大患，再利用羅馬的軍隊整肅異己，替埃及攻佔新的領地。

克麗歐佩特拉替安東尼生下一對雙胞胎，期間安東尼雖然因為戰事離開，又為了與屋大維重修舊好，另娶屋大維的妹妹為妻。不過他的心還是在埃及豔后身上，幾年後他回到克麗歐佩特拉身邊，兩人生了第三個孩子。安東尼還公開承認小凱撒是凱撒的兒子，嚴重打擊屋大維掌權的正統性。屋大維怎能忍受馬克．安東尼先拋棄自己的妹妹，又公然威脅他的權力地位呢？他親自率軍攻打埃及，非把兩人抓回羅馬受審不可，結果埃及一方敵不過羅馬軍團，屋大維大獲全勝。馬克．安東尼不

克麗歐佩特拉

大理石雕
西元前 30~40 年
德國柏林 博物館島

有人說埃及豔后的鼻子如果再塌一些，世界歷史就會整個改觀。

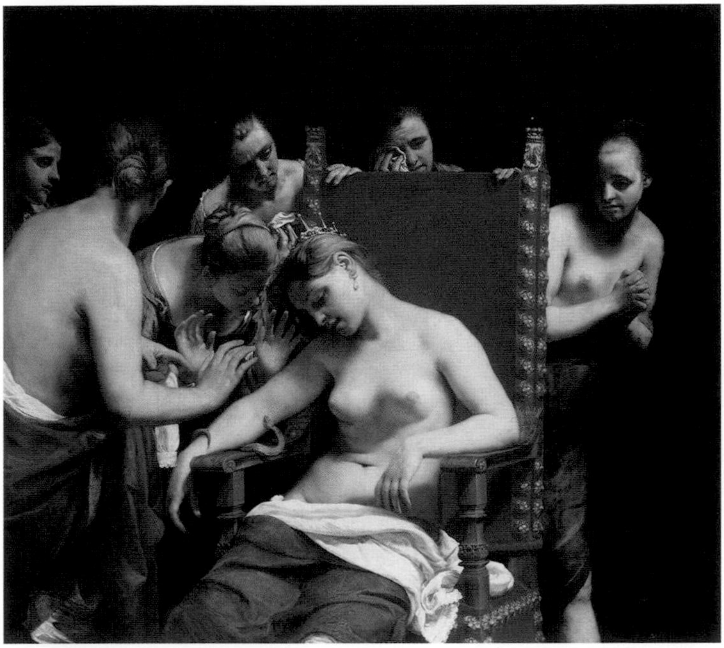

克麗歐佩特拉之死 1658 年

卡格納西 Guido Cagnacci（1601~1682）
油彩・畫布 140 x 160cm　奧地利維也納 藝術史博物館

克麗歐佩特拉寧可讓毒蛇咬死，也不肯隨屋大維去羅馬，接受視她為妖婦的羅馬人公審。

願遭到生擒受辱，於是舉劍自戕。屋大維更加嚴密看守克麗歐佩特拉，對於每件送入她房中的東西，都要仔細檢查才放行，就怕她也步上馬克・安東尼的後塵。不過克麗歐佩特拉還是偷偷讓僕人把毒蛇藏在無花果的籃子裡，最後就死於蛇吻之下。

克麗歐佩特拉死後，她和凱撒所生的小凱撒也被處死了，屋大維認為凱撒有一個繼承人就夠了，兩個實在太多。克麗歐佩特拉和安東尼所生的三個孩子則被送回羅馬，交由安東尼的遺孀照顧，從此埃及變成羅馬的行省，托勒密王朝正式結束。

埃及豔后的美貌讓兩位大英雄拜倒裙下，她的智慧讓她多次遇到困境卻化險為夷。當她知道大勢已去，她選擇優雅地死去，埃及最後一位法老王就此成為一段美麗的傳奇。

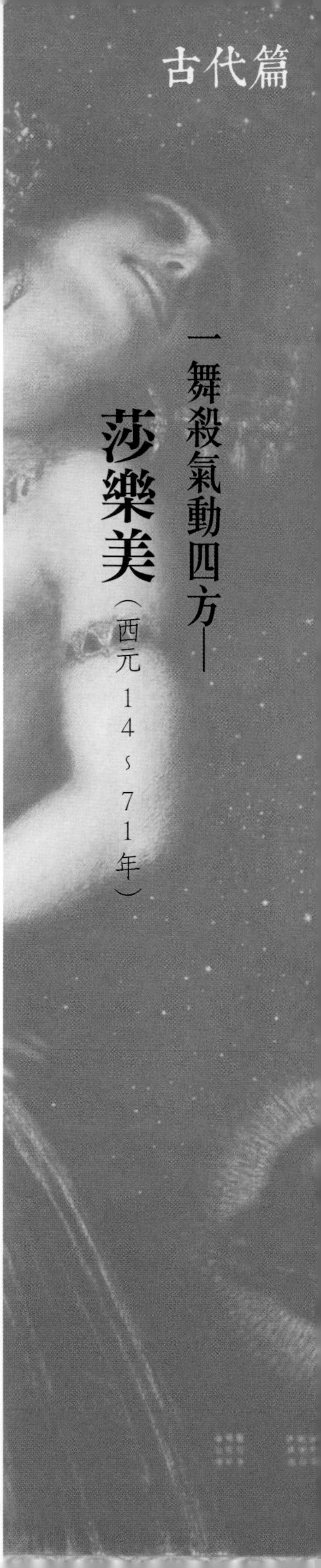

一舞殺氣動四方——

莎樂美（西元14～71年）

莎樂美出自聖經故事，自古以來就是藝術家青睞的創作題材。除了大量的古典繪畫作品，近代也有歌劇、舞蹈、電影等形式的詮釋。考古學家證實莎樂美確有其人，她是小亞美尼亞王國（今土耳其）的皇后，古代出土的錢幣就有莎樂美皇后的頭像，只不過正史並沒有提到莎樂美和施洗者聖約翰的故事。但是新約聖經和約瑟夫所著的《猶太古史》都提過這段駭人聽聞的奇案。

這故事要從莎樂美的媽媽希羅底說起。希羅底原本是嫁給大希律王的兒子，兩人生了一個女兒，取名叫莎樂美。這個名字在希伯來文的原義是「和平」的意思，之後希羅底就和丈夫離婚，改嫁給丈夫同父異母的弟弟希律王，在那個年代丈夫如果沒有死亡，妻子是不能離婚再嫁的，所以希羅底這種違背法令的行為，就受到施洗者約翰的嚴厲譴責。

莎樂美 1906 年

希士克 Franz Von Stuck（1863~1928）
油彩．畫布
117 x 93cm
德國慕尼黑 蘭巴豪市立美術館

近代畫家筆下的莎樂美，表情和動作都顯得妖嬈許多，侍衛捧著施洗者約翰的頭顱，在黑暗中隱隱發光，增添幾許神秘不祥的氣氛。

莎樂美之舞 1461～1462 年

戈左利 Benozzo Gozzoli（1420~1497）
蛋彩・畫板 23.8 x34.3 cm
美國華盛頓 國家畫廊

古典畫作的描述比較中規中矩，一邊是莎樂美以舞蹈娛賓，另一邊是劊子手舉刀要殺害施洗者約翰，如實呈現聖經中的故事。

施洗者約翰是耶穌的表哥，也是替耶穌施行洗禮的先知。他淡泊、謙卑、正直，深受世人和信徒的尊敬，所以他的譴責讓希羅底顏面無光，感覺這個皇后當得名不正言不順。她懷恨在心，一直想找機會報復。雖然希律王因為施洗者約翰的大膽直諫，氣得把他關進牢裡，但顧慮到施洗者約翰在民間的威望，希律王也不敢真的殺了他。這更讓希羅底覺得芒刺在背，便決定讓女兒莎樂美出馬。兩人暗中擬訂了計劃。

希律王生日那天，趁著宮中舉辦盛大壽宴，大臣和領主紛紛出席同樂之際，莎樂美依照媽媽的指示，上前表示要跳舞替希律王祝壽。希律王欣然同意，美麗的莎樂美隨著音樂展現曼妙舞姿，一曲舞畢，眾賓客大聲喝采，希律王自然覺得很有面子。莎樂美隨即上前撒嬌討賞，希律王允諾不管她想要什麼，身為國王的繼父沒有辦不到的。莎樂美故作半信半疑，先要求希律王向上帝發誓，然後說出她想要的獎賞就是施洗者約翰的頭，請希律王將頭顱放在盤子上送給她。

希律王雖然覺得很為難，但君無戲言，他不但對

莎樂美 1530 年

老克拉納赫 Lucas Granach, the Elder（1472~1553）
油彩．畫板
87 x 58cm
匈牙利布達佩斯 國立美術館

德國畫家克拉納赫以莎樂美為主題，創作了不少畫作。由於他的兒子也是畫家，所以一般稱父親為老克拉納赫。他描繪的莎樂美臉上帶著淺淺的微笑，手裡捧著施洗者約翰的頭顱，形成強烈的對比。

孔雀裙 1892年

比亞茲萊
Aubrey Beardsley（1872~1898）
鋼筆畫
《莎樂美》插圖

英國插畫家比亞茲萊替王爾德的戲劇作品《莎樂美》繪製了一系列插畫，堪稱他個人的代表作。其畫風線條流暢，風格華麗卻帶著世紀末的頹廢氛圍。圖為穿著華麗孔雀裙的莎樂美與母親希羅底。

天發了誓，還有眾朝臣在旁邊看著。剛剛才誇下海口，拍了胸脯作保證，現在怎麼好馬上變卦？無奈之餘只好請士兵去牢裡殺了施洗者約翰，將頭顱以銀盤呈上來。一場原本是歡樂喜慶的筵席，現在卻成了血淋淋的駭人場面，在場除了希羅底母女暗自竊喜計劃成功之外，應該沒有人開心得起來了。一位德高望重的聖賢先知，竟因為一段祝壽的舞蹈枉送了性命。原意為「和平」的莎樂美，從此象徵妖嬈魅惑的危險女人香。

藝術家為了達到戲劇性的效果，往往刻意渲染這個故事。有的人表示莎樂美是因為愛慕施洗者約翰遭到拒絕，才由愛生恨殺了心上人；也有的描述莎樂美跳的「七層紗之舞」多麼情色誘人，才會迷得希律王暈頭轉向，對她百依百順。但根據猶太古史的記載，莎樂美最後嫁給希律王的兒子腓力，兩人沒有子嗣，腓力死後莎樂美又改嫁他人，在第二次婚姻中生了三個兒子，一生也算過得平安順遂，並不像文藝作品中的莎樂美那麼會興風作浪，最後還被希律王處死。

或許施洗者約翰的死不應該全怪莎樂美的舞蹈，部分原因也是希律王太過自大、要面子，身為高高在上的君王，他寧可害了備受景仰的先知性命，也不肯在群臣面前丟臉，莎樂美的舞蹈只是暗藏殺機的前奏，希律王的誇口保證才是殺人的凶刀。這個故事告訴我們不管在多麼歡樂忘情的場合，還是要冷靜、理智地思考，不要遭人利用，做出讓自己後悔莫及的事情啊！

顯現 1876 年

牟侯 (Gustave Moreau, 1826-98)
水彩，畫布 106x72.2cm 巴黎羅浮宮

牟侯一再以莎樂美的主題進行創作，作品極富東方情調，對牟侯而言，莎樂美是精緻、複雜、奢華又墮落的黑暗女神。莎樂美的一曲舞蹈換得一位聖者的生命，難怪有人要大嘆紅顏禍水了。

中古篇

這是歐洲的黑暗時代，戰爭四起，蠻族橫行，藝術文化幾乎停擺。處在這個年代的后妃沒時間享受錦衣玉食，她們要有過人的勇氣與毅力，才能在紛亂的年代存活下去……

衝冠一怒為紅顏——普拉契狄亞（西元392～450年）

普拉契狄亞肖像（局部）

義大利布雷西亞
聖塔朱利亞博物館

圖為鑲嵌在國王十字架上的圓形徽飾，徽飾上的袖珍畫描繪了普拉契蒂亞和一雙子女。

普拉契狄亞是羅馬帝國最後一任皇帝狄奧多西的女兒。她的一生彷彿就是一齣高潮迭起的宮廷劇。她嫁過兩位國王，最後還成為垂簾聽政的太后，她的一生牽動了西羅馬帝國的政局。

普拉契狄亞從小就被冠上「最高貴女孩」的稱號。在她大概三、四歲的時候，父親狄奧多西不幸去世，羅馬帝國就此分裂，長子阿卡狄奧斯分得東羅馬，幼子霍諾留斯分得西羅馬，由攝政官斯提里科輔政。普拉契狄亞也在斯提里科夫婦的照料下長大。據說她擅長織布和刺繡，也接受良好的教育，算是一位聰敏賢慧的小公主。只可惜好景不常，由於斯提里科力抗北方日耳曼蠻族，聲望越來越高，反而引來羅馬貴族的顧忌，為了防止他自立為王，這些羅馬貴族就誣指他勾結異族，意圖滅了西羅馬帝國，斯提里科就因為這種莫須有的罪名被處死了。忠貞的顧命大臣一死，日爾曼蠻族自然長驅直入，連日的燒殺擄掠把羅馬城洗劫一空，

西元 410 年 8 月 24 日蠻族入侵羅馬 1890 年

席維斯特 Joseph Noel Sylvestre（1847~1926）
油彩・畫布 197 x 130cm

法國畫家席維斯特擅長描繪古代歷史場景。圖中正是蠻族入侵羅馬，肆無忌憚的撒野景象。

幾乎變成廢墟，羅馬軍隊根本不是對手。西哥德人先後在首領阿拉里克、阿道夫的帶領下，從羅馬一路南攻，然後又折返北上，準備征服羅馬帝國最大的省分高盧。

西哥德領袖阿道夫在北征途中，竟然就順道擄走普拉契狄亞公主。這讓暗戀公主已久的羅馬將軍君士坦提烏斯大為光火。因為他早就打好如意算盤，霍諾留斯國王並沒有子嗣，他本來想娶普拉契狄亞為妻，這樣就能名正言順取得西羅馬帝國的王位。誰知道阿道夫不但帶走普拉契狄亞，還在軍旅途中和她結婚，兩國的關係也大為改善。君士坦提烏斯氣不過阿道夫的橫刀奪愛，馬上率軍追擊，這口怨氣非出不可。他派艦隊封鎖高盧港口，讓西哥德蠻族得不到糧食供應。阿道夫被迫退兵到西班牙，普拉契狄亞在巴賽隆納產下一子，無奈孩子夭折，沒多久阿道夫也遇刺身亡。刺殺阿道夫的塞吉力克殘暴無情，他一取得領導權就殺害阿道夫在前任婚姻所生的六個孩子。還逼普拉契狄亞徒步十幾公里，以遊街示眾的方式來羞辱她。沒想到大家看到剛喪夫的高貴公主受到如此屈辱的對待，反而對這個篡位者反感不已，塞吉力克很快

阿道夫雕像

卡斯卓 Felipe de Castro
（1711~1775）
石雕 約 1750 年
西班牙馬德里 東方廣場

阿道夫最後帶著普拉契狄亞在西班牙落腳。如今馬德里的東方廣場有一排西班牙古代國王的雕像，其中一個就是阿道夫。

威爾普古幣 約西元 425 年

法國巴黎 約西元 425 年
徽章古玩收藏館

圖為威爾普古幣（今荷蘭地區），上面的鑄像分別是霍諾留斯和普拉契狄亞兄妹。

也遭人暗殺，西哥德人轉而擁護華里亞為領袖。

華里亞以作戰英勇聞名，但他也是一位相當謹慎的統治者，他深知帶兵最怕糧食短缺，眼看大軍幾乎被逼到絕境，他決定向君士坦提烏斯投降，雙方談妥條件，君士坦提烏斯以六十萬袋穀物換回普拉契狄亞公主，雙方同意結盟休兵。

普拉契狄亞回到羅馬宮廷後，哥哥霍諾留斯就要她嫁給君士坦提烏斯。雖然她滿心不願意，但國王急於拉攏這位大將軍，普拉契狄亞也只好再披嫁衣，於西元４１７年嫁給君士坦提烏斯。君士坦提烏斯終於如願以償，娶到心儀已久的美麗公主，兩人生了一子一女。西元４２１年沒

普拉契狄亞陵墓

義大利拉文納

位於拉文納的普拉契狄亞陵墓在 1996 年被聯合國列為世界文化遺產。普拉契狄亞和丈夫君士坦提烏斯，以及兒子法倫提尼安三世都葬在這裡。

善良的牧羊人（鑲嵌畫局部）

從這些鑲嵌畫可看出早期基督教的生死觀。唯有透過善牧基督，才能進入以藍天白花點綴的天國，得到永恆的安息

有子嗣的霍諾留斯皇帝賜予君士坦提烏斯「奧古斯都」的封號，和他共同治理西羅馬帝國。眼看美夢就要成真，不料才過了半年，君士坦提烏斯就因病去世，他始終沒當上西羅馬帝國的皇帝。幸好這個願望後來由他和普拉契狄亞的兒子實現了，只不過他的年紀很小，普拉契狄亞成為攝政太后，管理西羅馬帝國長達十幾年，直到她的兒子法侖提尼安三世年滿十八歲才將政權交還給他。

普拉契狄亞是虔誠教徒，在她當政期間建造、修復了許多教堂，死後也葬在其中一處。比起同樣遭兩大名將爭奪，最後下落不明的中國美女陳圓圓，普拉契狄亞的際遇似乎幸運許多。雖然她也有許多身不由己的無奈，但最後總算開創獨當一面的格局。如今她的陵墓被聯合國列為世界文化遺產，裡面保存了西元五世紀的美麗鑲嵌畫，供世人參觀憑悼。

飛上枝頭變鳳凰——狄奧多拉（西元500～548年）

從演藝人員搖身一變，晉升為一國之后，並非近代的葛莉絲．凱莉或伊娃．裴隆才有這樣的際遇。陪笑賣身的妓女最後竟能飛上枝頭當鳳凰，這也不是茱莉亞．羅勃茲在電影中才有的情節。早在西元六世紀的東羅馬帝國，就出現過這樣一位充滿傳奇色彩的皇后。

提到東羅馬帝國，就不能不提到當時最偉大的君主——查士丁尼大帝。他在舅舅查士丁一世的栽培下成長，接受最嚴格的教育和軍事訓練，為的就是準備成為帝國接班人。果然在斯巴達式的教育下，查士丁尼在戰場上驍勇善戰，處理政務也比目不識丁的皇帝舅舅高明許多，他對神學、建築都有研究，堪稱是文武雙全的帝王之材。只不過查士丁尼個性嚴謹，他一心只想恢復古羅馬帝國的榮光，成天埋首政務和學問，完全不近女色，成長在帝王之家的查士丁尼竟然和風花雪月絕緣，到了四十歲還沒有結婚。不過就在四十不惑之年，他認識了芳齡二十二歲的狄奧多拉，從此墜入情網，找到人生的摯愛伴侶。

狄奧多拉因為父親早亡，很小就做了雛妓。她的客源還是來自下層社會的販夫走卒，地位之低不難想像。年輕的狄奧多拉肯定不願在這種三流妓院浪費青

狄奧多拉皇后（局部特寫）

鑲嵌畫　西元六世紀
義大利拉文納 聖維塔大教堂

狄奧多拉不但美麗有智慧，更有過人的勇氣，她以實際行動展現皇后應有的風範。

春，於是她開始登台表演。雖然古代演員的地位頂多比妓女好一點點，但她總算藉由一齣「麗達與天鵝」一打響知名度。此後她受邀到貴族宴會演出，開始認識一些達官貴人，也接受了許多有錢的情人，這是她半靠演藝事業，半靠恩客包養的階段。

十六歲那年狄奧多拉的生活有了巨大轉變，其中一名軍官情人要前往五城地區（今利比亞）接任總督，於是她跟著前往北非，在那裡生活了將近四年，後來軍官對她厭煩了，遭到拋棄的狄奧拉多只好打道回府，途中她也在埃及、安提亞（今土耳其）停留了一段時間，這段國外歷練增長了她的知識見聞。

西元５２２年狄奧多拉再度回到首都君士坦丁堡，如今她已經蛻變成一個成熟美麗的女人了。她洗盡鉛華，拋開過往營生，在皇宮附近開設一家以紡羊毛為業的工作坊。但是她美麗、機智、幽默的風采依舊，讓查士丁尼傾慕不已，他徹底愛上狄奧多拉，更打定主意要娶她為妻。只不過當時東羅馬帝國有條法律禁止皇室成員和女演員結婚，查士丁尼勢必要歷經一番辛苦才能捍衛這段愛情。

宮中確實有很多人無法接受王儲和當過妓女的戲子在「認真交往」。他們覺得國內有那麼多名門閨秀，查士丁尼幹嘛偏偏要選身分低微的狄奧多拉？身為帝國的接班人，查士丁尼的妻子將來就是一國之后，這不僅僅是他自己的終身大事，也是國家的內政大事。不少老臣紛紛進言，就連平常最疼愛查士丁尼，對他幾乎百依百順的舅母皇后，這次也強烈反對外甥想娶狄奧多拉為妻的念頭。不過他的舅舅查士丁一世倒是很喜歡美麗聰慧的狄奧拉多，所以沒有逼他們分手。狄奧多拉暫時以情婦的身分陪在查士丁尼身邊。一直等到西元５２５年皇后去世，查士丁一世才修改法令，取消皇室不得與女演員結婚的規定。查士丁尼總算如願以償的和狄奧多拉結婚了。

西元５２７年查士丁一世去世。查士丁尼和狄奧多拉正式登上皇位，成為東羅馬帝國的皇帝和皇

在競技場的
狄奧多拉皇后

康斯坦
Benjamin Constant
（1845~1902）
油彩・畫布
157.5 x 133.4cm
私人收藏

法國畫家康斯坦的畫作經常以古代、東方情調為主題。圖中就是狄奧多拉皇后坐在競技場的皇室包廂，欣賞場上的競技活動。

后。事實證明查士丁尼的執著是對的，狄奧拉多的聰明才智不亞於任何男人，她在各方面的表現都非常稱職。於私她是溫柔伴侶，讓嚴肅不苟的查士丁尼享受到幸福的家庭生活；於公她聰明睿智，是查士丁尼處理政務的得力助手。尤其是西元532年的尼卡暴動，更能看出狄奧多拉過人的勇氣與決心。

這場暴動起因是民眾抗議地方官吏的暴政和苛稅，最後暴民居然包圍皇宮，查士丁尼和皇后都被困在宮中，情勢驚險萬分。原本查士丁尼準備帶著皇后和官員逃走，但是狄奧多拉卻不肯離開皇宮。她說寧可和夫君穿著皇袍力戰而死，也不願以逃亡者的身分苟活於世。她力勸查士丁尼大帝放手一搏，因為如果就這樣畏懼逃走，將來他一定會後悔的。這番話讓查士丁尼大帝鼓起勇氣，最後果真順利消滅亂黨。

除此之外，查士丁尼大帝也在皇后的協助

狄奧多拉皇后與隨從

鑲嵌畫　西元六世紀
義大利拉文納 聖維塔教堂

南義拉文納的聖維塔教堂，有查士丁尼和狄奧多拉的美麗鑲嵌畫。這些馬賽克鑲嵌畫是在狄奧多拉去世的前一年完成的。至今仍吸引不少遊客去憑悼這對伉儷情深的夫婦。

下號召一群法學菁英，把古羅馬帝國以來的法律條文重新整理，彙編成著名的《查士丁尼法典》。狄奧多拉堪稱是女權運動的先鋒，她透過法令的修訂增加不少婦女權益，例如貴族可以迎娶低層階級的女性，婦女也可以擁有和繼承財產等等。由於她的努力，東羅馬帝國的女性地位遠比其他中東和歐洲國家的女性還來得高。

西元548年狄奧多拉因病去世，查士丁尼大帝傷慟不已，從此變得萎靡不振。可見皇后對他的影響力有多大。東正教教會甚至還追封狄奧多拉為聖人，她的紀念日是11月14日。

查士丁尼國王與隨從

鑲嵌畫 西元六世紀
義大利拉文納 聖維塔教堂

童話故事《灰姑娘》、電影《麻雀變鳳凰》的結局，都是停留在地位懸殊的戀人決定攜手一生，但真正困難的是日後如何相處和適應。狄奧多拉能夠從卑微低賤的雛妓飛上枝頭做皇后，已經是很不容易的事，更難得的是她得到丈夫一生的摯愛與敬重，也贏得臣民的信服與愛戴，死後甚至得到教會的認可與追封，成為名垂青史的傳奇人物。沒有過人的智慧、勇氣與決心，是絕不可能做到這些的。狄奧多拉如此不同凡響的一生，其精采程度早就勝過了電影和童話故事了。

皇后妯娌恩仇錄——

布倫希爾德

（西元543～613年）

嚴格說起來，這段故事牽涉到三位皇后，她們之間的愛恨糾葛，讓原本美麗幸福的布倫希爾德皇后化身為復仇女神，挑起一場長達四十年的戰爭，最後慘遭五馬分屍，下場相當悲慘。

曾經洗劫羅馬城的西哥德蠻族，最後在西班牙托雷多一帶落腳，建立了西哥德王國。西元六世紀這裡出了一對漂亮的公主姊妹花。姊姊叫嘉絲溫塔，妹妹叫布倫希爾德。她們的美名連鄰近的法蘭克王國（今法國）都不陌生。當時法蘭克王國的老國王已死，國土由四個兒子分據成四個小國，其中的三兒子西吉貝特看到哥哥和弟弟總是隨便擄個奴隸就結婚，對太太也不夠尊重，於是他決定向西哥德國王請求婚配，指名要娶美麗的布倫希爾德。西哥德國王答應了，還附贈豐厚的嫁妝和采邑，弟弟西佩里克有樣學樣，後來也要求娶嘉絲溫塔為妻。西哥德國王的如意算盤打得很精，心想兩個女兒雙雙當上皇后，同時和兩個鄰國結盟，親姊妹成了妯娌，這肯定是皆大歡喜的結局。

只可惜姊妹倆背景相同，命運卻大為不同。

西吉貝特與布倫希爾德的婚禮

十五世紀手抄本
法國巴黎 國家圖書館

從手抄本的插畫可以得知，這場中世紀婚禮是相當隆重盛大的。

妹妹布倫希爾德才貌兼備，丈夫西吉貝特素有「美男國王」之稱。兩人情愛甚篤，陸續生了三個小孩，過著幸福快樂的生活。但姊姊嘉絲溫塔就沒有這麼幸運了，西佩里克國王是出了名的花花公子，經常和宮中貴婦搞七捻三，製造不少私生子。他本來已經有了皇后，後來和皇后的侍女芙蕾德貢打得火熱，於是答應休妻另娶，把芙蕾德貢扶正為皇后。不料他休了原配以後，卻看到哥哥和布倫希爾德的婚禮風光無比，於是他馬上把情婦晾在一邊，也向西哥德國王要求迎娶嘉絲溫塔公主為妻，這讓芙蕾德貢懷恨在心。

可憐的嘉絲溫塔結婚不到一年就被人勒死了，幾天之後西佩里克國

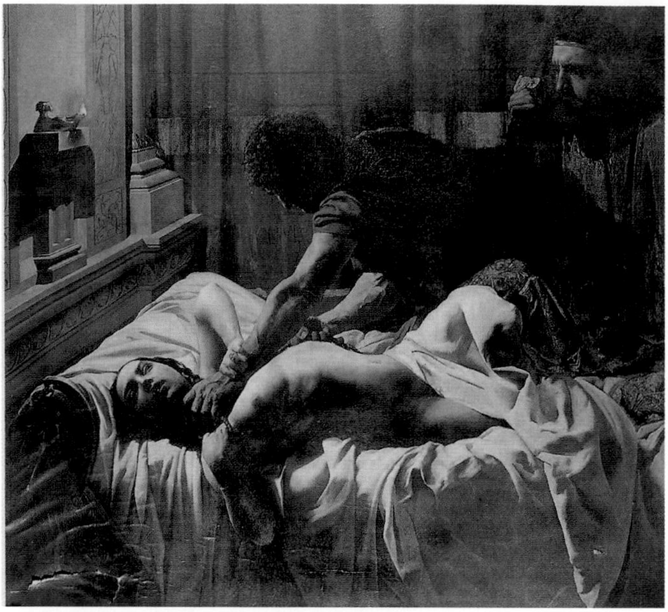

謀殺嘉絲溫塔（十九世紀插圖）

嘉絲溫塔在皇后寢宮遭人勒斃，斷氣在自己的床上。這麼蠻橫粗糙的謀殺手法，恐怕只有在中世紀才會發生。

王就和芙蕾德貢結婚。消息傳到鄰國，妹妹布倫希爾德自然悲憤不已。堂堂的皇后怎麼會遭人勒斃？國王又怎麼會立刻再婚？不需要名偵探推理也知道是怎麼回事。她決心替姊姊報仇，於是慫恿丈夫出兵攻打親弟弟，替可憐的姊姊報仇，順便討回姊姊當初陪嫁的豐厚嫁妝和封地。

西吉貝特一向對皇后百依百順，加上原本就和這位同父異母的弟弟不和，於是夫妻聯手攻下弟弟的大半國土，逼得西佩里克落荒而逃。不過好不容易才當上皇后的芙蕾德貢怎麼甘心就此認輸？於是這位貌美心惡的皇后買通刺客去暗殺布倫希爾德，只可惜刺客無功而返。芙蕾德貢氣得砍斷他的手腳，又加派兩名殺手去暗殺西吉貝特國王。西元

５７５年，美男國王西吉貝特遭有毒的匕首刺死，布倫希爾德被擒，局勢暫時逆轉。

誰知道西佩里克國王的兒子梅洛維克卻對這位伯母感到好奇，他早就聽說布倫希爾德才貌出眾，很想看看究竟是怎樣的女人能夠挑起戰爭，還讓他的父王吃了敗仗。結果一見之下，梅洛維克對布倫希爾德大為傾倒，就幫她逃離幽禁處，並且娶她為妻。梅洛維克是西佩里克和第一任皇后所生的兒子，但父親廢后再娶，他的地位和私生子沒有兩樣。如果能結合布倫希爾德的力量，那麼他將來就有機會登上王位了。

芙蕾德貢當然不肯讓這種事情發生，只有她的兒子才能繼承王位，其他人別想從中作梗，於是雙方戰事又起。西佩里克國王宣布兒子和布倫希爾德的婚姻無效，還強行將兒子剃度，送到教會去當修士。梅洛維克眼見奪權無望，在西元５７８年要求僕人殺了自己。布倫希爾德二度守寡，但她也不肯認輸，隨即以兒子的名義攝政，藉由美男國王的大哥庇護，得到更多資源繼續和西佩里克作戰。這場戰爭愈演愈烈，受牽連的人也愈來愈多，死在戰亂中的王公貴族不計其數。西佩里克國王也

布倫希爾德的支解刑

十五世紀手抄本
法國巴黎 國家圖書館

過去五馬分屍這種極刑只用在犯了叛國罪的平民身上。很少有貴族慘遭此刑。

布倫希爾德的死亡

一場血流成河的戰爭，結束的方式自然也不會太平和。

在戰時遇刺身亡，只剩下兩位積怨已深的皇后繼續纏鬥，只可惜十幾年過去了，這對妯娌還來不及分出勝負，芙蕾德貢就在西元597年過世了。她的兒子克洛塔爾繼承王位，決心代替母親結束這場「歹戲拖棚」的戰役。

一場戰爭陸陸續續打了四十年，當初結怨的主事者幾乎都不在人間了，許多人早就忘記自己為何而戰，只知道戰事讓大家疲憊不堪，布倫希爾德的兒子也去世了，她只能緊緊抓住新上任的孫兒國王繼續干預朝政。她漸漸失去民心，全國上下都希望早日結束這場沒有意義的戰爭。

芙蕾德貢的兒子克洛塔爾抓住這種心理，成功策動布倫希爾德的軍隊倒戈，法蘭克王國再度統一。不過克洛塔爾也遺傳到母親的心狠手辣，當他擒獲布倫希爾德後，不但將這位已經六十多歲的伯母折磨致死，還把屍體放在駱駝上遊街示眾，最後還用馬將她分屍，手段極其凶殘，可見數十年的積怨有多深。

原本布倫希爾德只是個美麗聰明的皇后，有機會幸福安定過一生，但復仇的怒火讓她殺紅了眼，她的大半輩子就在爭權、興兵起事中度過。到最後她在法國史書上的評價很低。書上形容她是一個好勝、貪婪的可怕巫婆。不過生活在戰亂頻繁的黑暗時期，又看到姊姊冤死的遭遇，這可能是布倫希爾德唯一知道的生存方式吧！只是為了討回公道，至少有十位法蘭克國王因此枉送了性命，這樣的代價實在太大了。

西佩里克國王和
芙蕾德貢皇后

芙蕾德貢也是冷酷無情的狠角色。在中世紀的民間傳說中，她就是童話故事《灰姑娘》中那位惡毒繼母的原型。

梅開二度的皇后——

亞奎丹的愛蓮諾

（西元１１２２～１２０４年）

亞奎丹的愛蓮諾

十二世紀

法國希農 聖哈德崗教壁畫

這可能是愛蓮諾少數流傳至今的當代畫像。旁邊的年輕人可能是她的小兒子約翰。

愛蓮諾大概是中世紀最富有、勢力最大的女性了。她原本是法國皇后，後來改嫁又成了英國皇后，中世紀英格蘭最英勇善戰的國王獅心理查，就是愛蓮諾的第二個兒子。

愛蓮諾的父親是亞奎丹公爵。她在十四歲那年繼承了父親的爵位，成了亞奎丹女公爵和波提耶女伯爵。這些領地位於今日法國的西南部，不過在中世紀尚未屬於法國。愛蓮諾的父親在傳位給女兒的同時，也安排她和法國的路易王子結婚，雙方協議等愛蓮諾的長子登基成為法國國王，她所管轄的領地就併入法國，交由雙方的下一代統治。

愛蓮諾和路易王子於西元１１３７年７月結婚，婚後不到十天法王路易六世就病逝了，這新婚夫妻成了路易七世和愛蓮諾皇后。據說愛蓮諾

亞奎丹的愛蓮諾

中世紀的女性往往受到重重限制，什麼能做，什麼不能做幾乎都要聽命於男人。愛蓮諾算是少數有自己聲音的美麗奇女子。

愛蓮諾水晶花瓶 十二世紀

法國巴黎 羅浮宮
高約40公分

這只水晶花瓶原先屬於愛蓮諾的爺爺所有，愛蓮諾結婚的時候將水晶花瓶送給路易七世當結婚禮物。這也是愛蓮諾唯一流傳至今的私人物品。

長得相當漂亮，個性又活潑大方，她的迷人風采讓路易七世深深著迷，對愛蓮諾幾乎有求必應，不惜花大錢滿足她的願望。但是保守的皇太后卻不喜歡這個媳婦，深怕她會帶壞路易七世，教堂長老也經常批評皇后不夠莊重，舉止行為不合宮廷禮儀等等，愛蓮諾在法國王宮的生活並不快樂。她的領地比當時的法國還大，加上她從小接受良好教育，對政治和領地的管理都有自己的主見，她甚至還跟著路易七世參加十字軍東征，回程差點遭拜占庭的軍隊俘虜，可見她不但人長得漂亮，也具備相當的勇氣和魄力，保守的法國宮廷是關不住她的。

活潑的愛蓮諾和溫吞的路易七世個性天差地遠，夫妻的感情漸漸疏離。他們在十五年的婚姻中只生了兩個女兒，這當然令許多人失望。法國王室的制度和亞奎丹不同，他們需要男性繼承人，一開始原本只是對婚姻失望的愛蓮諾爭取離婚，到最後連路易七世的朝臣都要求國王另娶，免得王位後繼無人。路易七世出於無奈，最後終於請教宗撤銷他們的婚姻，二人在西元1152年正式終止婚姻關係。

由於愛蓮諾沒有生兒子，離婚之後她仍然保有自己的領地，並沒有和法國歸併，這也引起其他領主的覬覦。當愛蓮諾打算回波提耶時，布洛瓦公爵和南特伯爵竟然各自守在路上，打算綁架愛蓮諾回家

亨利二世與愛蓮諾

雖然亨利二世和愛蓮諾生了八個孩子，但他同時還有別的情婦和私生子。歐洲王室的婚姻通常基於政治考量，很少有國王會忠於自己的皇后。

當老婆，以便取得亞奎丹和波提耶的豐饒土地。愛蓮諾驚險萬分地回到波提耶，她馬上寫信給諾曼第公爵亨利，要求他立刻前來迎娶自己。西元1152年5月愛蓮諾下嫁亨利公爵，兩人的婚禮沒有鋪張的排場或慶典，愛蓮諾當時才離婚兩個月，一切以安定為上。

亨利的父親是安茹伯爵，母親瑪蒂達是英國國王亨利一世的女兒，所以也有英國王位的繼承權。西元1154年亨利登基成為國王，開創了英格蘭的金雀花王朝。愛蓮諾又成了英國皇后，只能說世事難料，或者她天生就有皇后命吧！

剛開始愛蓮諾和亨利二世的感情似乎還不錯。她在十三年內替亨利生了五個兒子和三個女兒，這當然把法王路易七世氣得牙癢癢的。（路易七世再娶的皇后康絲坦絲也沒

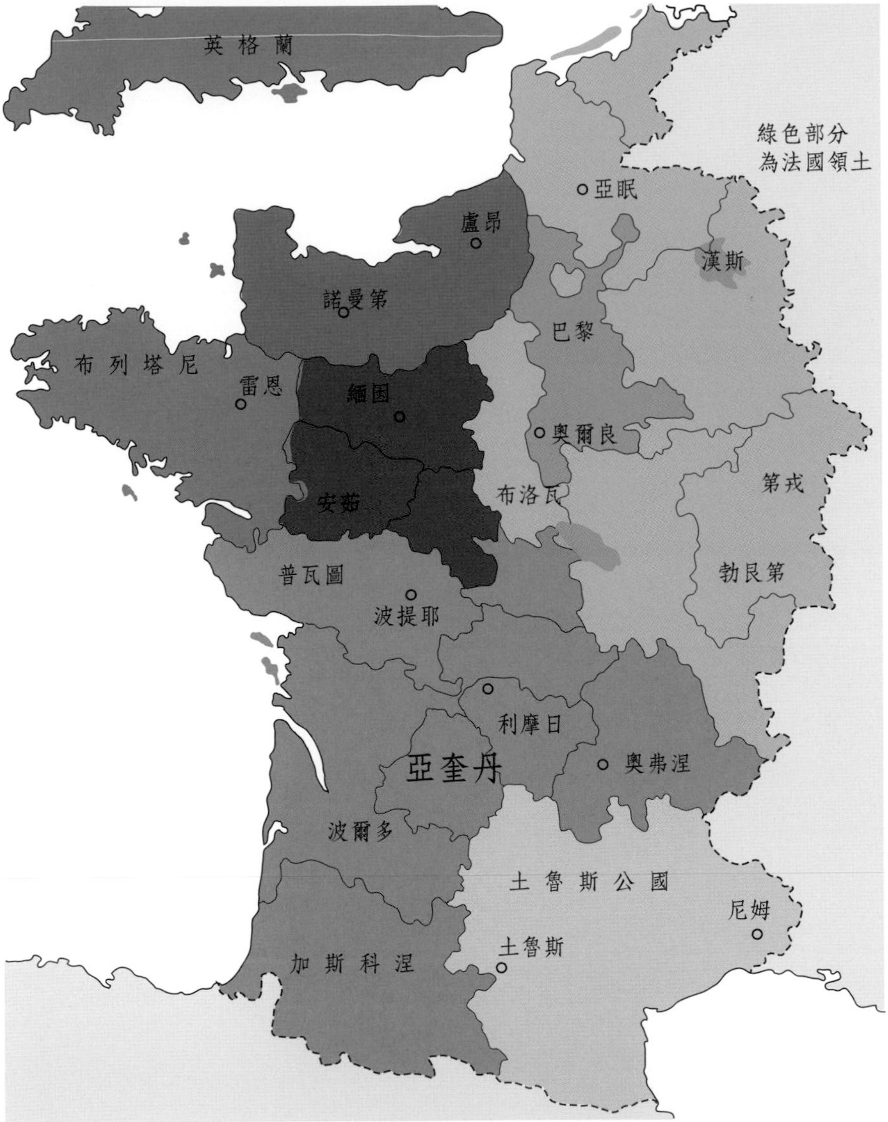

上圖為 1154 年亨利二世和愛蓮諾結婚後的領土範圍。紅色系的部分屬於亨利二世的金雀花王朝，綠色部分是路易七世統領的法蘭西。

亨利二世與愛蓮諾皇后陵寢

攝影：Elanor Gamgee
法國 風特洛修道院

愛蓮諾死後和丈夫亨利二世、兒子獅心理查都葬在法國羅亞爾河地區的風特洛修道院。

有生兒子，一直到第三任皇后阿黛兒才生下王位繼承人腓力）但路易七世氣的不光是老婆被死對頭搶走，更氣的是原本就快到手的亞奎丹領土，現在卻落入英格蘭手中，導致亨利二世的權勢如日中天，路易七世幾度和亨利二世交戰，可惜都沒有奪回領地。雙方成了宿敵，他們有大半輩子都在領地的爭奪中度過。

亨利二世在英格蘭進行一連串改革，將多數的司法權力集中在國王手上。他所創建的金雀花王朝成為中世紀最強盛的封建王朝。不過也由於這樣的版圖和權勢實在太誘人，亨利的長子小亨利年滿十八歲後，因為不滿父親始終大權在握，竟開始密謀爭權奪地，他從巴黎偷偷跑到亞奎丹去見兩個弟弟理查和傑佛瑞，說動他們一起反抗父親。愛蓮諾當時也在亞奎丹，面對丈夫和兒子的對峙，她最後選擇支持孩子。法國新任的國王當然也支持這三個年輕人，英格蘭王室如果鬧內鬨，法國才有機會坐收漁翁之利。亨利二世震怒不已，他認為愛蓮諾可能暗中鼓動兒子造反，或至少慫恿南部領主支持三個孩子來反抗他。於是他派人悄悄逮捕愛蓮諾，將她送回英國軟禁起來。從此愛蓮諾和子女見面的機會少之又少，但她的孩子似乎一直惦念著母親。

愛蓮諾並非被關在暗無天日的地牢裡，偶爾遇到特殊的政治場合，她還是要陪同亨利二世一起露面處理政務，只不過始終有人監視她，她就這樣過了十六年不得自由的幽禁歲月。這段期間亨利二世有了寵愛的情婦蘿莎蒙。他請求教宗撤銷他和愛蓮諾的婚姻，以便娶蘿莎蒙為妻，不料教宗非但不允許，蘿莎蒙也遭人毒死。可見愛蓮諾即使被軟禁，勢力還是不容小覷。

西元１１８３年帶頭叛亂的長子小亨利染上痢疾，他自知死期不遠，於是懺悔請求父親原諒，同時希望父親能釋放母親。亨利二世原諒了兒子，卻依然不肯放了愛蓮諾，但他在１１８９年也染上熱病死亡。二兒子理查繼承了父親的王位，他從亞奎丹趕回英格蘭登基時，第一件事就是要人釋放母親，愛蓮諾成了尊貴的皇太后。由於獅心理查不喜歡多雨陰鬱的英國，他不是待在領地亞奎丹，就是忙著率軍參加第三次十字軍東征，於是愛蓮諾代替兒子在英格蘭攝政，讓理查放心去四處征戰。雖然一生波折，愛蓮諾竟是出奇的長壽，甚至比她多數的子女活得更久。在那個疾病、戰亂頻傳的年代，她活到１２０４年才過世，享壽八十二歲。

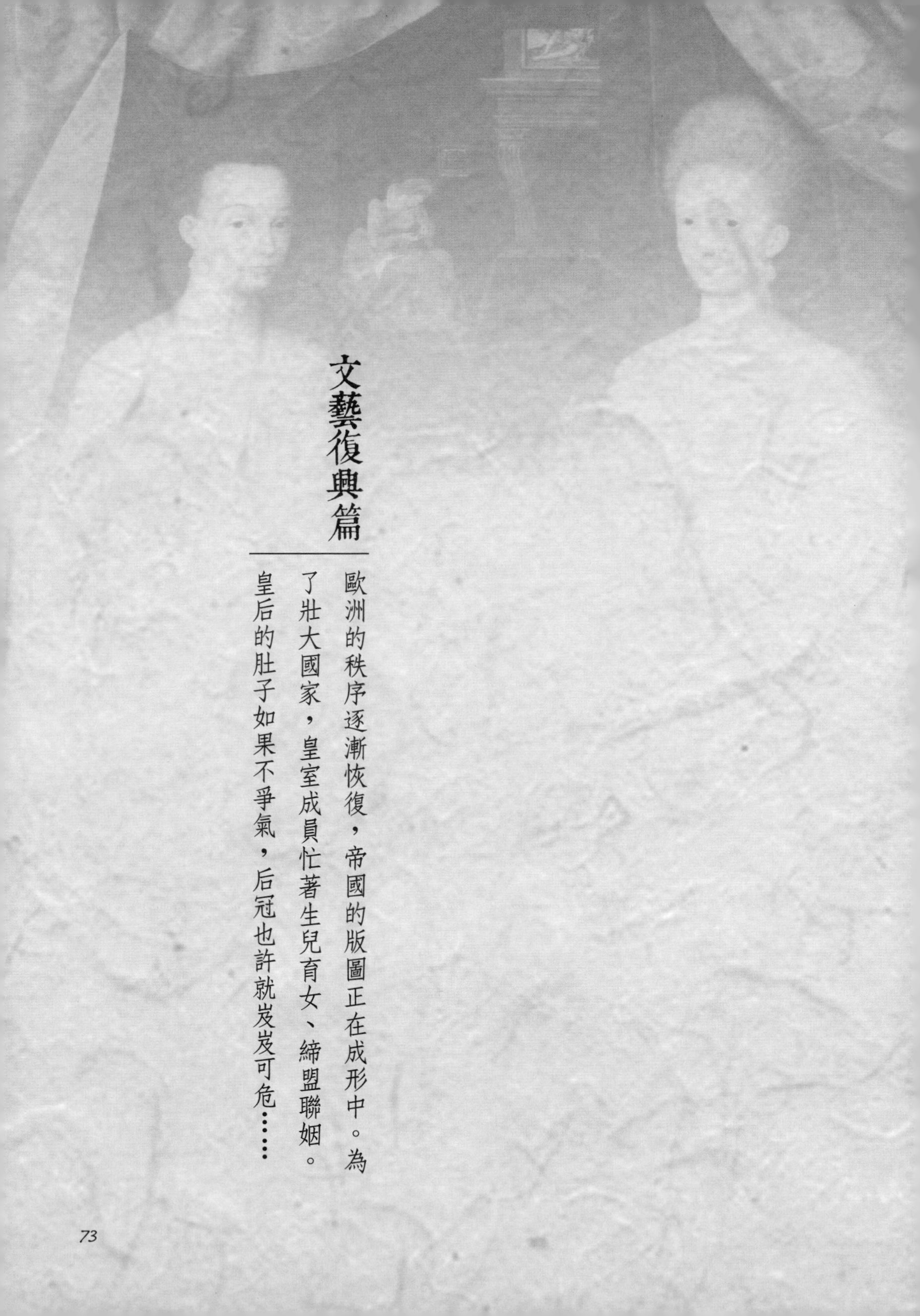

文藝復興篇

歐洲的秩序逐漸恢復，帝國的版圖正在成形中。為了壯大國家，皇室成員忙著生兒育女、締盟聯姻。皇后的肚子如果不爭氣，后冠也許就岌岌可危……

統合西班牙的推手——
伊莎貝拉一世（西元1451～1504年）

西班牙這個國家是十五世紀才開始形成的。北非的摩爾人在中世紀大舉進入西班牙南部，幾乎佔領了整個西班牙地區，只有北方山區的少數小國倖免於難。這些小國花了幾百年時間想把信奉回教的摩爾人趕回非洲。這段收復失土的運動終於在伊莎貝拉一世及斐迪南二世夫婦的手中完成。

伊莎貝拉是卡斯提爾王國的公主，三歲時父親去世，繼承王位的是同父異母的哥哥亨利。亨利比伊莎貝拉年長二十六歲，他對庶母及稚齡的弟弟、妹妹不怎麼照顧，所以伊莎貝拉小時候過得相當清貧。不過她的媽媽教她要虔誠信主，所以即使生活困苦，小公主倒也甘之如貽。這種情況一直到她十歲才有所改善。因為亨利的皇后在結婚六年後終於懷孕，他把伊莎貝拉和弟弟召進皇宮就近監視。原本亨利沒有小孩，繼承人的順位就是這對姊弟，但現在他和皇后有了子嗣，自然希望將來由自己的女兒繼承王位。

住進皇宮的伊莎貝拉不必再擔心吃不飽或穿不暖，她還有女侍陪伴，也接受聽說讀寫、女紅、音樂舞蹈等公主的「基本教育」，但亨利不准伊莎貝拉出宮，也不讓她知道政局變化，不過冰雪聰明的伊莎貝拉完全清楚自己處於什麼樣的情況。

伊莎貝拉從小就被國王哥哥當成「貨品」似的到

處兜售，目的當然是為了尋找結盟國家或解決政治問題。最早他和亞拉崗的約翰王儲談過，打算把伊莎貝拉和他的兒子斐迪南湊成對，但後來不了了之。然後他又想和納瓦爾王國的查理四世聯姻，也不管當年伊莎貝拉才十歲，查理四世都快四十了。後來卡斯提爾境內發生叛亂暴動，亨利為了弭平動亂急需資金，就答應把伊莎貝拉嫁給騎士團的團長，條件是騎士團要付一大筆錢給財政窘困的王室。眼看婚事已定，虔誠的伊莎貝拉拼命向上帝禱告，希望這件婚事永遠不會成真，或許上帝真的聽到她的祈求，因為騎士團團長正要前來會見新娘的途中，竟然得了急病暴斃。

最後亨利決定把伊莎貝拉嫁給葡萄牙的阿方索五世，再把自己的女兒胡安娜嫁給阿方索的兒子約翰，這樣將來女兒和女婿就能共同治理葡萄牙和卡斯提爾兩個國家了。但是伊莎貝拉一點也不喜歡這個安排，她的婚事要自己決定。可是亨利不死心，又動念把她嫁給法國路易十一的弟弟，伊莎貝拉覺得這樣下去不是辦法，於是她偷偷和亞拉崗的約翰二世取得聯繫，同意嫁給他的兒子斐迪南。

斐迪南算是伊莎貝拉的遠房堂兄（兩人的祖父是親兄弟），根據法律二等親的堂兄妹要結婚，必須先取得教宗的特許，但這一切只能偷偷進行。等他們拿到特許令之後，伊莎貝拉藉口要去掃墓，悼念兩年前死於黑死病的弟弟，終於得以離開皇宮，斐迪南

伊莎貝拉一世 1485 年

法蘭德斯畫家 璜
Juan de Flandes（1460~1519）
油彩．畫板 21 x 13 cm
西班牙馬德里 普拉多美術館

伊莎貝拉對天主教的信仰十分虔誠。從畫像多少可以看出她是一位樸實、堅強、果決的女王。

伊莎貝拉一世、斐迪南二世與隨從

國王與女王平起平坐，夫妻齊心地治理國家。畫中左邊的少年顯然是他們的獨子約翰。

同時假扮成商人，偷偷通過卡斯提爾的邊境，兩人於1469年10月18日在瓦拉多利德的小鎮教堂順利結婚。亨利國王相當無奈，他盤算了半天卻一場空，最後只好把自己的女兒胡安娜嫁給阿方索五世。

西元1474年亨利去世，伊莎貝拉登上王位，但葡萄牙的阿方索五世反對，認為應該是由他太太——亨利國王的女兒來繼承才對。雙方因此開戰，最後葡萄牙戰敗，伊莎貝拉一世的王位從此底定。西元1479年斐迪南也登基成為亞拉岡的國王，夫妻決定分享權力，共同治理兩個國家。伊莎貝拉實在是一位英明果決的領導者，她偕同丈夫廣邀群臣和平民代表，制訂完整的法律條規，整頓亨利在位時期治安敗壞的亂象，替日後的西班牙帝國奠定良好的法理制度。

這對夫婦在位期間有許多影響深遠的建樹，首先是1492年征服回教國家格拉納達，完成幾百年來收復失地的運動，西班牙首度出現單一的政治實體。有了這樣的根基，日後他們的外孫查理五世才能統一西班牙，建立強大的殖民帝國。同年還有另一件影響深遠的大事，那就是伊莎貝拉同意資助哥倫布的探險。哥倫布一直相信地球是圓的，只要從歐洲向西航行，就能直達亞洲的東部。但這樣的航海探險需要龐大的人力和財力，他花了好幾年向葡萄牙、西班牙遊說，但沒有人願意贊助他，最後是伊莎貝拉在收復格拉納達之後，拿出自己的珠寶嫁妝變賣，才籌到資金讓哥倫布順利成行。雖然哥倫布沒有找到亞洲，卻發現了新大陸，從此帶領西班牙走向海外探險、殖民的黃金時代，日後西班牙在美洲獲得巨大財富，躍升為十六世紀歐洲最富強的國家。

但伊莎貝拉夫婦也有一些措施是頗具爭議的，例如在1478年成立的宗教裁判所，藉此維護天主教的正統性，將有違天主教精神的異端邪說都交由法庭審判，違者會遭受極為殘酷的刑罰。這個制度一直到十九世紀初期才遭到廢除，期間被判為異端分子而慘遭火刑處死的人數恐怕高達十幾萬。極端虔誠的伊

哥倫布面見伊莎貝拉一世 1843 年

洛伊茨 Emanuel Leutze（1816~1868）
油彩・畫布 96.5 x 127cm
美國紐約 布魯克林美術館

哥倫布向國王與女王陳述他的探險計畫，伊莎貝拉一世摀著頭，似乎在煩惱經費要從哪裡來。

莎貝拉更進一步驅逐異教徒，當他們收復失土之後，又進一步頒布法令要求境內的猶太人和穆斯林改信天主教，否則就必須強制驅離。因此有二十多萬人被迫離開家園，宗教迫害與種族屠殺也埋下日後西班牙帝國屢遭殖民地反撲，最後國勢又轉弱的原因。

晚年伊莎貝拉積極幫兒女安排婚事，藉此鞏固和歐洲各國的結盟關係。大女兒嫁給葡萄牙王子，兒子約翰娶了奧地利公主，二女兒胡安娜嫁給奧地利大公腓力一世，小女兒凱瑟琳則是嫁進英國王室。不過人算不如天算，這些婚事並沒有達到預期效果。大女兒難產而死、獨子約翰結婚不到一年就死於肺癆、二女兒的精神狀態一直不穩定，還贏得「瘋女胡安娜」的惡名、小女兒凱瑟琳剛嫁到英國沒多久就成了寡婦，更讓伊莎貝拉陷入深深的悲傷，她從此只穿黑衣，也漸漸無心政事。西元１５０４年９月伊莎貝拉一世正式退位，從此不再插手政務，同年11月隨即病逝，結束了精彩傳奇的一生。

飛天聖母 約 1520 年

法蘭德斯畫師
油彩・畫板
23.8 x34.3 cm
西班牙托洛 聖瑪麗大教堂

位於西班牙薩莫拉省的托洛鎮是歷史悠久的古都。城中的聖瑪麗大教堂有一幅《飛天聖母》的名畫，畫中右下方戴著后冠的正是伊莎貝拉一世。足證她在西班牙人心目中的地位是相當神聖崇高的。

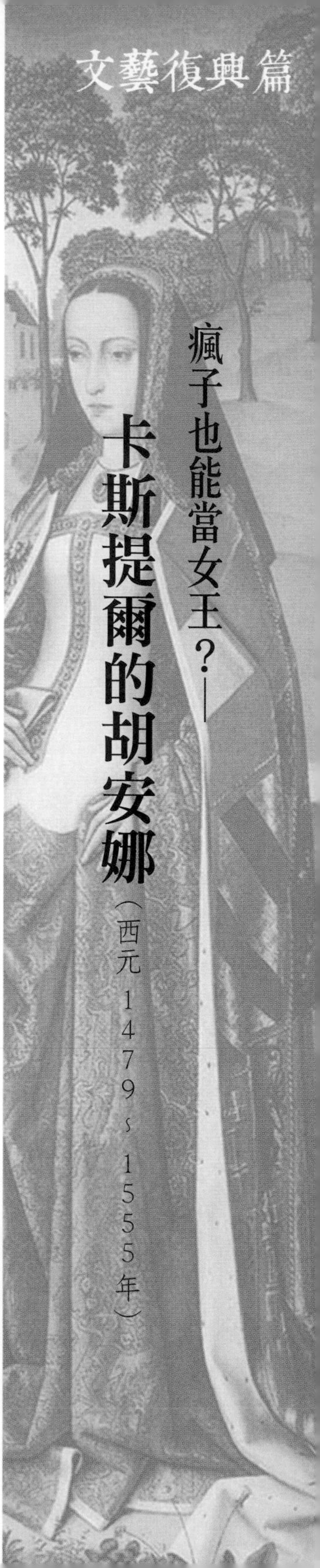

瘋子也能當女王？——卡斯提爾的胡安娜（西元1479～1555年）

瘋女胡安娜 約1496～1500年

法蘭德斯畫家 璜 Juan de Flandes（1460~1519）

油彩・畫板 36 x 25cm

奧地利維也納 藝術史博物館

法蘭德斯畫家璜替伊莎貝拉一家畫過許多肖像，這應該是胡安娜出嫁前的畫作。

胡安娜是伊莎貝拉一世和斐迪南二世的次女。她在父母的栽培下接受最好的教育，是一位相當聰明的學生，能說多國語言，熟悉宮廷禮儀，也懂音樂、舞蹈和馬術等技藝，父母無非希望幫她找個好婆家，將來能做個稱職的皇后，讓西班牙透過聯姻擴展結盟的力量。

十六歲那年父母將她嫁給素有美男子之稱的勃根第公爵腓力。腓力的父親可是神聖羅馬帝國的皇帝馬克西米安一世，這樁婚事不但門當戶對，小倆口似乎也情投意合，胡安娜一連替腓力生了六個子女。但兩人也經常吵架，或許是胡安娜實在太愛丈夫了，她無法忍受丈夫的花心，偏偏腓力是出了名的美男子，又是將來的帝國

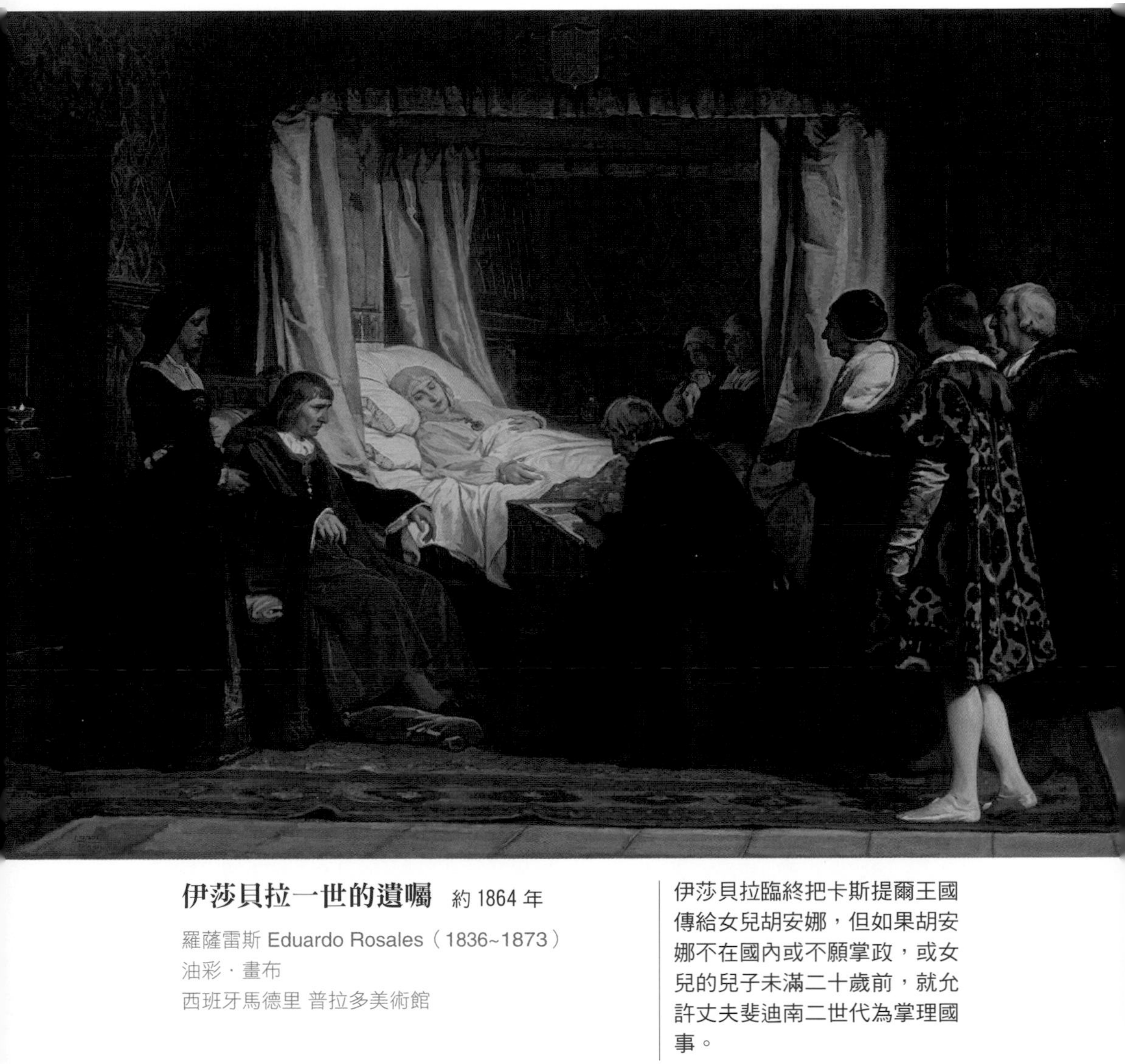

伊莎貝拉一世的遺囑 約 1864 年

羅薩雷斯 Eduardo Rosales（1836~1873）
油彩．畫布
西班牙馬德里 普拉多美術館

伊莎貝拉臨終把卡斯提爾王國傳給女兒胡安娜，但如果胡安娜不在國內或不願掌政，或女兒的兒子未滿二十歲前，就允許丈夫斐迪南二世代為掌理國事。

腓力與胡安娜 約 1500 年

三聯畫（局部）
比利時皇家美術館

胡安娜嫁給小她一歲的腓力，兩人年紀相當，她對腓力可以說是一見鍾情，愛到癡狂終不悔。

接班人，投懷送抱的女人肯定不少，這讓胡安娜感到相當不快樂，有時妒嫉心一起，難免出現極度沮喪或歇斯底里的瘋狂行徑，到最後腓力乾脆請法庭判決胡安娜發瘋了，然後以精神失常為理由將她軟禁起來。

胡安娜從來沒想過父母一手打造的西班牙王國，有一天會輪到她來繼承王位，但她的弟弟於１４９７年去世，姊姊在１４９８年也死於難產，１５０２年貴族議會確認了胡安娜和腓力是卡斯提爾王室的繼承人。西元１５０４年伊莎貝拉一世病逝，原先和妻子一直處於權力共享、共治的斐迪南二世，如今必須把半片江山交給女兒和女婿接管，這包括卡斯提爾王國、萊昂王國等範圍，以後他就只是亞拉崗王國的國王而已。

聽到伊莎貝拉一世的死訊，腓力連忙帶著太太趕回西班牙繼承王位。但斐迪南二世認為女兒的精神狀況不穩，只會淪為任由腓力操縱的傀儡而已，他主張取代女兒接管卡斯提爾王國。這當然遭到腓力強烈抗議。眼看一場王位爭奪戰就要引爆，年僅二十八歲的美男子腓力卻在１５０６年得了急病暴斃（也有人懷疑是斐迪南二世下毒），這讓胡安娜徹底崩潰。她當時懷著第六個孩子，卻抱著丈夫的屍體依依不捨，任誰也拉不開。她還堅持要跟著送葬隊伍一路走到格拉納達的墓地，而且要求隊伍只能在夜晚摸黑前進，因為她怕白天有其他女人看到腓力俊美的相貌，會受不了「誘惑」。沿路她不時對著丈夫的屍體說話，彷彿他還活著一樣。

隔年斐迪南二世就以女兒精神不穩定為理由，順利取得和女兒共治的權力。美其名為共治，事實上胡安娜女王的名號只出現在官方文件上，連簽名都是父親代簽的。斐迪南二世把胡安娜關在偏遠城堡的房間，大舉撤換掉她最信任的僕從，只派自己的心腹去照顧她。斐迪南二世終於大權在握，他滿心以為屬於自己的王朝從此就要展開。他又續弦娶了新太太，期望再生個兒子來繼承王位，無奈並沒有如願，西元１５１６

年斐迪南二世死亡，於是瘋女胡安娜又成為亞拉崗的女王。由於她的丈夫已經死亡，整個西班牙就交由她和她的長子查理繼承了。

1517年胡安娜的兒子查理抵達西班牙，準備接收外祖父和母親留給他的廣大領土，這也是十七歲的查理和闊別多年的母親見面，只可惜他同樣忙著爭權、排除異己，繼續把母親幽禁起來，還指示看護不要讓任何人和她說話，免得有人想挾著女王名號起義。雖然表面上他還是尊稱母親為「女王陛下」，但大家都明白這只是虛名罷了。西班牙就在查理的手中統一，成為當時最強盛的國家，查理也成為擁有廣大領地和崇高地位的君主。他除了是西班牙的卡洛斯一世，也是神聖羅馬帝國的查理五世，只可惜得了失心瘋的胡安娜無法見證或分享兒子的榮耀，終生只能窩在暗無天日的小房間裡。

後代專家有的人猜測胡安娜是得了精神分裂症，有的人認為是躁鬱症或重度憂鬱症，也有人認為這全是王室近親結婚惹的禍。不管真正的病因是什麼，胡安娜一生最愛的三個男人——丈夫、父親與親生兒子並沒有幫助她對抗病魔，反而無情地利用她的病症，作為爭權奪利的武器。說來諷刺，這位不曾有過實權的女王，反而度過了將近五十年的幽居歲月，最後在西元1555年以七十五歲的高齡去世，比她的丈夫、父親和兒子都長壽。

胡安娜 約1500年

油彩・畫板

西班牙瓦拉多利德 國立雕塑博物館

胡安娜一生的悲劇實在令人不勝唏噓。她沒有朋友，沒有可信任的親信。她一生最愛的三個男人，竟是傷害她最深的人。

聖塔克拉拉修道院

西班牙 托爾德西里亞斯

胡安娜在這裡被幽禁了將近五十年。1509 年裴迪南二世把女兒送到此處，1517 年她在這裡見到長大成人的兒子查理，但查理繼續讓母親待在這裡，直到 1555 年去世為止。據說胡安娜的房間連窗戶都沒有。在暗無天日的小室一待就是數十年，就算是正常人也會被關瘋了吧？

命運多舛的皇后——亞拉岡的凱瑟琳（西元１４８５～１５３６年）

凱瑟琳是伊莎貝拉一世和斐迪南二世的小女兒，據說她是四個女兒中最漂亮的一個，只可惜她一出生就註定要成為政治結盟的籌碼。凱瑟琳才三歲，父母已經替她挑好婚配人選，那就是小她一歲的英國王子亞瑟。感覺好像是娃娃在扮家家酒，其實兩國只想確立結盟關係，婚事可以等到兩個孩子大一點再辦理。

據說凱瑟琳身材嬌小，但有一頭美麗的紅色長髮和一雙湛藍的大眼睛。身為未來的英國皇后，父母自然替她安排了最好的教育。凱瑟琳跟著家教學習宗教、歷史、法律等科目。她對宗教很熱衷，這也影響了她後半生的際遇。除了學科，她還要學刺繡、編織、音樂和舞蹈，父母一心把她栽培成才德兼備的淑女。

當英國的亞瑟王子年滿十五歲，雙方父母認為孩子已經到了適婚年齡，就決定讓他們完婚。西元１４９９年，凱瑟琳帶著部分嫁妝啟程前往英國舉行婚禮，嫁給了小她一歲的

亞拉崗的凱瑟琳 1503 年

米榭席托 Michel Sittow（1479~1525）
油彩．畫板 30 x 20cm
奧地利維也納 藝術史博物館

這是凱瑟琳剛到英國頭幾年的肖像畫。從她身上已經感覺不到少女的青春活潑，嚴肅神情道盡她的尷尬地位與壓力。

亞拉崗的凱瑟琳

1525～1527年

盧卡斯霍尼柏
Lucas Horenbout（1490~1544）
墜飾 直徑 3.8cm
英國倫敦 國家肖像博物館

霍尼柏擅長描繪袖珍畫，從墜飾上的文字「凱瑟琳皇后，他的妻子」來看，這應該是成對的作品，另一幅是亨利八世的袖珍畫。

亞瑟，只可惜四個月後這對新婚夫妻得了當時盛行的汗熱症，小倆口雙雙病倒，亞瑟不幸去世，凱瑟琳痊癒清醒後，發現自己才十六歲就當了寡婦，往後的日子真不知怎麼過。

雖然長子死了，但亨利七世覺得西班牙應該履行當初談好的條件。他不但拒絕退還凱瑟琳帶過來的嫁妝二萬克朗，還不斷向西班牙追討另外一半的嫁妝，但斐迪南二世覺得女婿已死，英國將來不管由誰繼承王位，女兒都已經遠離政治核心，他不願繼續砸錢在這上面。雙方各持立場堅持不下，凱瑟琳就這樣在英國過了七年尷尬、清貧的生活。

亨利七世最後想出辦法，就是讓次子登基成為亨利八世，再讓他娶哥哥的遺孀為妻。照理來說這是教會法律不允許的事，根據《舊約．利未記》的經文，娶兄弟之妻是汙穢不潔的，做出這種事的罪人必定無後。亨利八世為此還大費周章，要凱瑟

四十歲的亞拉崗凱瑟琳 約 1525 年

盧卡斯霍尼柏
Lucas Horenbout（1490~1544）
油彩．畫布

四十歲的凱瑟琳生子無望，丈夫在同年瘋狂迷上年輕貌美的安妮．博林。

琳宣誓她和亞瑟不曾圓房，所以第一段婚姻無效，請求教宗特許他們結婚。

西元１５０９年，十八歲的亨利八世終於得到教會的許可，娶了當年二十三歲的凱瑟琳為妻。幾經波折，凱瑟琳終於成為英國的皇后了。

原以為幸福的日子就要開始，但不幸的事件接踵而來。隔年凱瑟琳首度懷孕，女兒卻胎死腹中。雖然她很快再度懷孕，但兒子出生後只活了五十二天就夭折了。凱瑟琳努力想替丈夫生一個王位繼承人，但是她歷經六次懷孕，卻只有瑪麗一個女兒存活，其他的兒女不是死產就是夭折，這對女人而言真是身心俱疲的折磨。更糟的是亨利八世開始相信聖經的話是對的，他就是娶了哥哥的妻子才落得這種下場。他另結新歡，決心擺脫凱瑟琳另娶，於是又向教皇訴請撤銷婚姻。

凱瑟琳自然覺得氣憤難堪，丈夫愛上宮中的女侍官已經讓人難以忍受，竟然還要她讓出皇后的寶座。亨利八世知道凱瑟琳信仰虔誠，提議要她到修道院清修。一向謙和順從的凱瑟琳這次說什麼也不肯妥協，她斬釘截鐵地說：「上帝從來不曾召喚我成為修女，我是國王名正言順的合法妻子。」這不只為了捍衛自己的清譽，強調她絕對是以處女之身和亨利結婚的，二來也是替女兒瑪麗的地位著想，因為如果她的婚姻遭到

凱瑟琳皇后之墓

英國劍橋郡 彼得伯勒大教堂

雖然凱瑟琳死的時候得不到亨利八世的認定，但她的皇后地位無庸置疑。後人已經還給她應得的頭銜和尊重。

撤銷，瑪麗就只是私生女，而不是英國皇室的正統了。

無奈亨利八世心意已決，他自行宣告和凱瑟琳的婚姻無效，然後和新歡安妮·博林結婚了。凱瑟琳也只能消極地抗議這場婚禮無效。亨利八世把她送到偏遠的城堡，只求眼不見為淨。凱瑟琳直到死前還是以亨利八世唯一的合法妻子自居，她的僕從也繼續以皇后的頭銜來稱呼她，不過亨利八世拒絕給她這樣的稱號，只認她是已故哥哥的妻子，稱她為威爾斯王妃。

凱瑟琳從此深居簡出，她只穿苦行僧的粗毛襯衣，除了到教堂望彌撒，她完全足不出戶。這樣的生活和修女也沒什麼兩樣了。亨利八世不准女兒瑪麗去探望母親，甚至禁止她們通信，不過許多人同情凱瑟琳的處境，總是會偷偷幫她們夾帶信件。亨利八世直言只要她們肯承認新皇后安妮．博林的地位，就允許她們見面。但凱瑟琳和女兒瑪麗都很有骨氣地拒絕了。

經過三年的幽居歲月，凱瑟琳在1535年冬天感到身體不適，她自知來日無多，於是開始交待後事。她寫信給外甥查理五世，希望他身為神聖羅馬帝國的皇帝，能夠保護瑪麗的安全，不讓她為人所害，最後她親筆寫信給亨利八世，信中稱他為「最親愛的國王、夫君」，表示自己完全原諒他的所做所為，同時會請求上帝也原諒他的過錯。她只希望亨利八世能當個稱職的父親，好好照顧他們的女兒瑪麗，替她找一個好歸宿，這是她死前唯一的心願。

凱瑟琳在1536年1月去世，死後醫生解剖，發現她的心臟是黑色的。宮中謠言四起，有人說皇后是心碎而死，有人說是安妮．博林或亨利八世偷偷下毒。凱瑟琳死後葬於彼得伯勒大教堂。但亨利八世依然只肯以威爾斯王妃的頭銜讓她下葬，也不准女兒瑪麗參加喪禮。讓凱瑟琳抱著最後的遺憾入土，結束了命運多舛的一生。

曇花一現的皇后夢——安妮・博林（西元１５０１～１５３６年）

安妮・博林是亨利八世的第二任妻子，她的故事經常被拍成電視劇和電影。雖然她的皇后寶座才坐了短短三年，但是她對英國的政治和宗教卻有極大的影響。她也是英國史上第一個遭到斬首的皇后，不過她的女兒伊莉莎白一世後來成了英國史上最傑出的領袖之一。

安妮出生於貴族之家，父親是很有語言天分的外交使節，安妮似乎也遺傳到父親的天分。她先後到荷蘭、法國宮廷擔任皇后的女侍官，幾位皇后都非常喜歡她，說她語言流利，可愛大方。她在法國宮廷足足待了七年，深諳法國文化和社交禮儀，一直到１５２１年才回到英國準備婚事。

回到英國以後，原先父親幫她安排的婚事卻因故取消了，於是安妮轉而進入英國宮廷，擔任凱瑟琳皇后的女侍官。她很快就在皇家社交圈打響知名度，多年的外國歷練讓安妮散發迷人的風情，她機智幽默，總有說不完的外國趣聞，加上舞技超群，穿著打扮又充滿法國的時尚感，讓她在派對舞會中總成為眾人矚目的焦點。她有一頭黑髮和一雙會放電的眼眸，和循規蹈矩的英國仕女比起來，安妮就像《古墓奇兵》的蘿拉處在一群金髮芭比中間一樣，感覺特別醒目、與眾不同。況且除了一般貴族女孩嫻熟的針線刺繡、歌唱舞蹈，安妮還會玩牌、下棋、賭骰子，也熱衷射箭、馴鷹、騎馬、打獵等活動。

安妮・博林

油彩・畫板
英國倫敦 國家肖像博物館

繪於 1534 年的原畫作已經佚失，這幅畫是十六世紀後期的臨摹版本。以亨利八世最後對安妮的厭惡，可想而知官方留存的版本一定遭到銷毀了。

可想而知她很容易和男性打成一片，愛慕安妮的王公貴族自然很多。

在眾多追求者當中，竟然也包括了國王亨利八世。面對國王的緊密攻勢，很少有女孩敢斷然拒絕的。有些女孩是欣然接受，覺得當國王的情婦好處多多；有些女孩是畏懼國王的權勢，就算不情願也不敢不從。但只有安妮敢拒絕國王的求愛，她的姊姊就當過亨利八世的情婦，安妮深知國王經常見一個愛一個，今日備受寵愛的情人，明日就棄之如敝屣。既然亨利八世一副非得到她不可的樣子，安妮知道自己一定要好好把握這個機會。

當時亨利八世因為凱瑟琳皇后生不出兒子，正興起撤銷婚姻的念頭。安妮大概看到機不可失，她一方面展現法式宮廷的調情技巧，把亨利八世迷得神魂顛倒，一方面又拒絕和他上床，堅稱除非她戴上后冠，否則絕對不接受國王輕浮的求愛。沒想到亨利八世真的同意了。一來若即若離的安妮讓他心癢難耐，二來他認為年輕健康的安妮定能替他生個兒子，這讓他更積極想要擺脫凱瑟琳。只是亨利八世和安妮．博林都沒料到這件事那麼棘手，原先以為只要訴請羅馬教廷撤銷上次的婚姻，幾個月內就能搞定，誰知道教宗不同意亨利八世的請求，這段微妙的三角關係整整拖了七年才塵埃落定。

令人嘖嘖稱奇的是安妮整整吊了國王七年胃口，直到婚事確定才同意和他發生親密關係，在這七年間她儼然以「地下皇后」自居，她喜歡的珠寶華服、羽扇配件，通通由國王買單。她重新裝修幾處宮殿，以便符合她的優雅品味。她根本不把皇后凱瑟琳看在眼裡，不僅公然和亨利八世出雙入對，還幫忙處理政務，聽取訴願、接待外國使節等等，她成功拉攏英國和法國結盟，對當時的英國外交有很大的影響力。西元1531年，亨利八世把凱瑟琳皇后趕到偏遠的行宮，然後把皇后寢宮給了安妮居住，安妮離皇后的大位又更近了。不過英國民眾普遍站在可憐的凱瑟琳皇后那邊，許多人看不慣安妮的猖狂，暗地罵她是「國王的娼妓」，但不管怎樣，安妮最後還是當上英國的皇后了。

亨利八世與安妮在溫莎森林獵鹿 1903年

弗里斯
William Powell Frith（1819~1909）
油彩．畫布　私人收藏

喜歡騎馬、打獵的安妮，自然成為國王的紅粉良伴。

羅馬教廷不肯同意是可以想像的。之前亨利八世為了娶凱瑟琳，還特別請教廷發特許令，以確保他娶哥哥的遺孀是合法的。現在他又要教廷宣佈上次的婚禮無效，這不是要教廷自打嘴巴嗎？再者，凱瑟琳皇后的外甥可是神聖羅馬帝國的皇帝，沒有人願意因此得罪查理五世。因此不管亨利八世如何派人去遊說、賄賂，教廷始終不答應。亨利八世的耐性終於被磨光了，他最後創立英國國教，從此不再聽命於羅馬教皇，他自己就是英國國教的最高首長。

亨利八世任命一個傀儡主教替他和安妮舉行婚禮。安妮的動作也很快，她在1533年接受加冕的時候，就已經身懷六甲了。沒多久安妮替亨利八世生下一個女兒。原本她和國王都深信這孩子是男的，這樣的結果自然讓人有些失望。安妮急著再度懷孕，可惜接連兩次不是流產，就是死胎。亨利八世對安妮漸漸失去新鮮感，婚前的安妮聰明果決、自信強勢，對政治敏銳熱衷，堪稱國王最完美的情人，但婚後這些特點是身為皇后的大忌。兩人的關係開始惡化。亨利在安妮二度流產之後，已經開始想著要如何擺脫她，但是又不用接回原本的凱瑟琳，因為他已經看上新的皇后人選了。

西元１５３６年１月，宮中接到凱瑟琳病故的消息。當天安妮竟然穿上鮮豔的黃色服飾，好像在慶祝終於擺脫令她頭痛的麻煩人物。不過報應來得很快，在凱瑟琳皇后下葬當天，安妮第三度流產。亨利八世再也無法忍受，他聲稱安妮以巫術迷惑國王，誣控她和多人通姦、意圖叛國等罪名。一場不公不義的假審判將安妮關進倫敦塔，幾天後就將安妮斬首示眾。安妮只比凱瑟琳皇后多活了四個月，據說她的冤魂依然在倫敦塔中徘徊不去，不時有人宣稱在那裡看到安妮皇后的身影。

安妮・博林處心積慮，花了七年功夫才當上皇后，結果不到三年就慘死在劊子手刀下。不過她戲劇性的一生也成了宮廷劇最愛的題材。沒有她就沒有英國國教，也沒有日後的伊莉莎白一世。想到她的女兒日後成為英國女王，而且統治期長達四十餘年，締造了英國的「黃金時期」，安妮在天之靈或許會有一絲安慰吧！

倫敦塔中的安妮・博林 1835年

愛德華西柏 Edouard Cibot（1799~1877）
油彩・畫布 162 x 129cm
法國歐登 侯林博物館

據說安妮知道自己難逃一死，還是盛裝優雅地踏上刑場。讓執行斬首的劊子手不禁雙手微顫，畢竟這是英國史上第一位問斬的皇后。

亨利八世和他的六位妻子以及子女

亨利八世娶過六位皇后，其中兩位遭到斬首。

珍・西蒙

1508~1537 年

珍・西蒙是前兩任皇后的女侍官，後來成為第三任皇后，她生下愛德華王子，產後十二天就病故了。

安妮・博林

1501~1536 年

第二任皇后也因為生不出兒子，被誣指通姦叛國，遭到亨利八世斬首。

亞拉崗的凱瑟琳

1485~1536 年

亞拉崗的凱瑟琳是第一位皇后。后位遭亨利八世廢除，最後鬱鬱寡歡病逝。

愛德華六世

1537~1553 年

珍・西蒙所生，是亨利八世好不容易盼到的男性繼承人，可惜只活了十六年，王位只好由姊姊瑪麗繼承。

伊莉莎白一世

1533~1603 年

安妮・博林所生的女兒，在瑪麗一世之後繼承王位，她成功統合英國新舊教派的紛爭，經過半世紀的統治，英國變成歐洲最富強的國家，她終身未婚，史稱「童貞女王」或「榮光女王」。

瑪麗一世

1516~1558 年

亞拉崗的凱瑟琳所生，後來當上英國女王，因為母親的遭遇，她上任後復辟羅馬天主教，燒死三百多名新教異端分子，因而得到「血腥瑪麗」的稱號。

凱瑟琳·帕爾

1512~1548 年

亨利八世去世之前的最後一任妻子。這位凱瑟琳總共也結過四次婚，最後因難產而死。

凱瑟琳·霍華

1524~1542 年

亨利八世休掉第四任妻子，隨即娶了這位凱瑟琳為妻。但一年後又以通姦罪名將她斬首。

克理維斯的安妮

1515~1557 年

這位安妮是德國貴族，1540 年嫁給亨利八世，但兩人沒有圓房，也沒有正式加冕為皇后。七個月後亨利八世就廢除這次婚姻，但他慷慨給了安妮豐厚的贍養費。算是下場比較好的一位。

如姊如母的情婦——波提耶的黛安娜（西元1499～1566年）

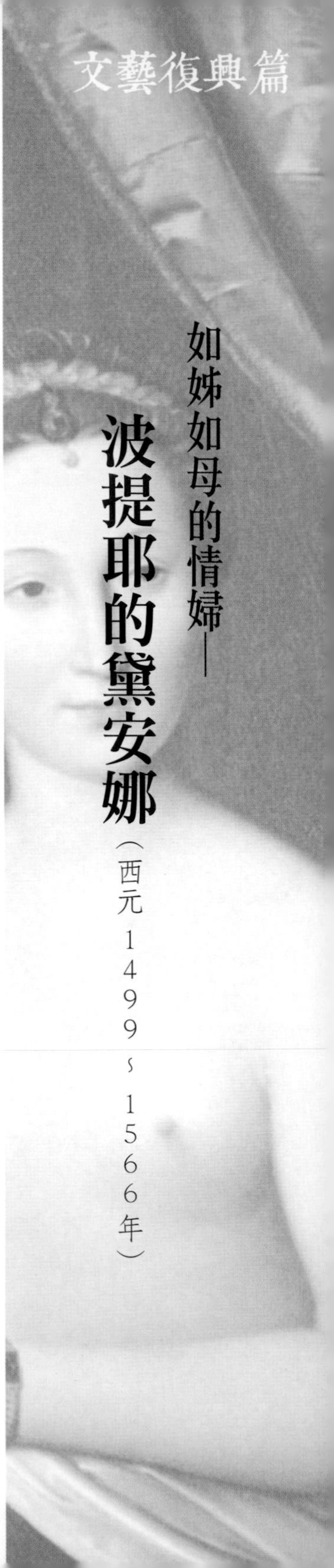

波提耶的黛安娜

25.8 x 17.8cm
炭筆．畫紙
法國巴黎 國家圖書館

聰明美麗的黛安娜深諳待人處事之道，一直是國王法蘭索瓦一世倚重的女侍官。

以往國王要找情婦，大多找年輕貌美的女孩，然而法國波提耶的黛安娜卻是個例外，她不但比法國國王亨利二世年長，而且足足大了二十歲，究竟她有什麼魅力，能夠讓國王深深著迷，成為國王一生的最愛呢？

黛安娜出身貴族，小時候接受良好教育，擅長音樂、騎射、舞蹈，通曉拉丁文和希臘文，熟悉宮廷禮儀和應對談吐，是個相當聰明美麗的女孩。黛安娜十五歲就在家人的安排下嫁給大她近四十歲的領主路易士。她替丈夫生了兩個女兒，並且在法蘭索瓦一世的皇宮擔任皇后女侍。法蘭索瓦一世被視為法國第一位文藝復興式的君主。他從義大利邀請達文西前來法國作客，鼓勵藝術、文學、建築的發展。不過在

沐浴中的女子 1571 年

克盧埃 François Clouet（1515~1572）
油彩．畫板 92.1 x 81.3cm
美國華盛頓特區 國家藝廊

美麗的黛安娜經常擔任宮廷畫家的模特兒。或許她對自己嬌嫩的肌膚充滿自信，她在畫作中經常以半裸或全裸的姿態出現。

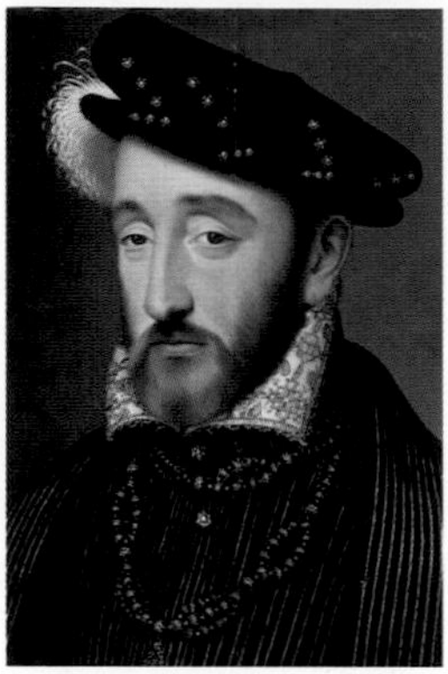

亨利二世

克盧埃 François Clouet（1515~1572）
法國 凡爾賽宮

幼年喪母又顛沛流離的亨利二世，在黛安娜身上找到安定的力量。

軍事上卻慘敗，甚至遭神聖羅馬帝國的查理五世所俘虜，最後只好把當時才七、八歲的兩位王子送去西班牙當人質，查理五世才同意釋放法國國王。

七歲的亨利王子前一年剛喪母，現在又要被送往西班牙當人質，可想而知他的心中是多麼恐懼不安。在他與哥哥要前往西班牙時，就是黛安娜代替母職，一路送他們離開皇宮，溫柔地親吻他們，向他們揮手說再見的。當時美麗溫柔的黛安娜，肯定悄悄在亨利王子的心中生了根。兩位王子在西班牙度過四年的幽禁生活，身心受到極大的折磨。太子法蘭索瓦的身體變得很差，十幾歲就去世了，於是亨利王子變成王儲，法蘭索瓦一世將太子交給黛安娜，要她盡心教導太子宮廷禮儀。亨利原本就是個膽怯瘦弱的孩子，長年的拘禁讓他變得更加封閉畏縮。黛安娜給了他安全感，她就像一位循循善誘的母親，教導太子如何成為一個自信、成熟、有擔當的領袖。

黛安娜的丈夫路易士在1531年去世。黛安娜從此大多穿黑白色系的衣服，不過黑白分明、對比強烈的顏色剛好很適合她，這也成了她個人的特色風格。她繼續留在宮中服務。

1533年亨利王子和義大利的凱瑟琳・梅迪奇結婚，眾臣擔心十四歲的義大利新娘不懂宮中的繁文縟節，於是又派年長二十歲的黛安娜從旁協助。黛安娜算是凱瑟琳皇后的遠房表姊，這種安排再適合也不過了。

剛開始凱瑟琳皇后相當依賴黛安娜這位大姊姊，誰知道兩年後黛安娜竟然成為亨利王子的情婦，讓她對黛安娜有種愛恨交織的情結。亨利王子可能自小就對黛安娜產生愛慕之心，等黛安娜的丈夫過世之後，就展開熱烈追求，最後終於擄獲芳心。黛安娜雖然大亨利王子二十歲，但是她

凱瑟琳・梅迪奇 約 1555 年

油彩・畫布 194 x 110cm
義大利佛羅倫斯 烏菲茲美術館

在法國人眼中，凱瑟琳是一位貪吃、肥胖、不愛洗澡的皇后。她在亨利生前沒有權勢，過著隱忍、被動的生活。亨利死後她成了大權在握的攝政太后，開始展現說謊、暗殺、政治操縱等手腕，因而獲得「蛇蠍皇后」的稱號。

天天騎馬維持窈窕身材，甚至有天天沐浴的習慣（在那個年代，歐洲人久久才洗一次澡是常有的事），算是宮中數一數二的大美人，據說她到五十歲都還保持著青春姣好的容顏。

剛開始亨利王儲獨愛黛安娜，對同齡的凱瑟琳王妃不理不睬，以致於兩人結婚多年都沒有孩子，這樣很可能導致離婚另娶的問題。黛安娜知道如果眾臣替亨利另覓王妃，萬一對方強勢囂張，對她反而不利，她寧可讓這個被動消極的小表妹留下來，於是她要亨利經常去臨幸凱瑟琳，讓她孩子一個接一個生，黛安娜甚至幫忙照顧、教養他們的小孩，就連凱瑟琳得了猩紅熱，也是在她悉心照顧下才痊癒的。凱瑟琳的心情肯定很複雜，黛安娜是她在法國最好的幫手，但也是她最強勁的情敵。

1547年法蘭索瓦一世去世，亨利登基成為法國國王，他立刻加封黛安娜為女公爵，更將原本應該由皇后保管的皇家珠寶通通交給她。他替黛安娜建造了安奈城堡，並且把皇后很想要的雪濃梭城堡也送給黛安娜。這些舉動終於讓正宮皇后凱瑟琳大為嫉妒，不過她在宮中沒有權勢，只能暗地壓抑她的妒恨。

亨利二世對黛安娜寵愛有加，也相當倚賴她的智慧和判斷力，他甚至讓黛安娜代擬官方文件，還自創「亨利黛安娜」為兩人共同的署名，黛安娜簡直就是實質的皇后了。就連教宗致贈「黃金玫瑰」給皇后凱瑟琳祈福時，也不忘送黛安娜一條貴重的珍珠項鍊，可想而知黛安娜的地位有多麼重要。不過黛安娜並沒有因為大權在握就恃寵而驕，她對凱瑟琳皇后依然很客氣，儘管亨利二世成天膩在她的閨房裡，但她總是在天還沒亮就趕他回皇后的寢宮，要他善盡丈夫的義務，這也是為什麼凱瑟琳皇后能一連替亨利生了十個孩子，黛安娜卻沒有替國王生下一兒半女。

亨利二世對黛安娜的愛歷經二十五年而不墜。

狩獵女神黛安娜（十六世紀中期）

油彩．畫布 191 x 132cm
法國巴黎 羅浮宮
十六世紀法國楓丹白露畫派

黛安娜是希臘神話中的狩獵女神，將熱愛騎馬狩獵的黛安娜畫成古代女神，是非常巧妙的表現方式。

雪濃梭城堡

照片：Ra-smit
攝於 2008 年

雪濃梭城堡向來有「堡后」之稱，因為歷代繼承人幾乎都是女性，在她們的巧手修建下，城堡的整體風格顯得特別小巧秀麗。

1559年亨利二世參加馬上長矛比武的時候，不幸被長矛刺入眼睛，傷勢相當嚴重。他在病床上苟延殘喘了十多天，嘴裡不停呼喚著黛安娜的名字，但由於國王生命垂危，宮中大權終於落到凱瑟琳皇后頭上。她看到亨利二世在比賽中的長矛上繫著黛安娜的絲帶，而不是自己的絲帶，不免新仇舊恨湧了上來。她嚴格管制國王寢宮的出入口，不准黛安娜見亨利最後一面，讓亨利二世帶著遺憾斷氣。凱瑟琳為了一吐怨氣，接著把黛安娜趕出宮廷，不准她參加亨利二世的喪禮，甚至拿一座秀蒙城堡硬要和她交換美麗的雪濃梭城堡。不過黛安娜似乎很能理解凱瑟琳的心情，她默默接受一切安排，搬到秀蒙堡住了一陣子，最後避居亨利二世送她的采邑安奈城堡終老，她的智慧化解了潛在的危機，凱瑟琳皇后雖然長年妒恨，但終究沒有殺她，黛安娜享年六十七歲。

對於亨利二世而言，黛安娜不只是他的情婦，也像是他的母親、明師和知己好友。雖然在這場后妃爭奪戰中，凱瑟琳最後算是大獲全勝，但是在亨利二世心中，黛安娜的地位始終是無人能取代的。

羅浮宮名畫中的女人——

加布莉葉・埃斯特雷（西元1573～1599年）

法國巴黎的羅浮宮擁有豐富館藏，其中最常被拿來惡搞的名畫當屬達文西的《蒙娜麗莎》，但是還有一幅作者不詳的《加布莉葉和她的妹妹》也不遑多讓。因為畫中有兩名妙齡女子共浴，又做出耐人尋味的捏乳頭動作，所以也成為現代人經常Kuso惡搞的作品。

這位加布莉葉是誰呢？她就是法國國王亨利四世最寵愛的情婦。

加布莉葉身材修長、皮膚白皙，還有一頭漂亮的金髮，是法國當時公認的大美人。她原先是貝勒嘉伯爵的情婦，但貝勒嘉公爵在1590年把她獻給新任國王亨利四世，此舉果然得到新國王的歡心，貝勒嘉伯爵從此成了亨利四世最寵信的朝臣。

亨利四世雖然擁有眾多情婦，卻對加布莉葉大為傾倒，他熱烈追求了半年，加布莉葉才從原先的抗拒轉為接受，於1591年正式成為亨利四世的情婦。為了方便加布莉葉到宮廷走動，亨利四世還安排朝臣娶她，給她朝廷命婦的身分，從此加布莉葉和亨利

亨利四世 （十六世紀）

法王亨利四世以妻妾眾多聞名，能夠從中脫穎而出，得到國王深情專寵的情婦當真不容易。

加布莉葉・埃斯特雷 （十六世紀）

法國香第伊
康堤博物館

加布莉葉不但長得美，也擅長打扮。她會在臉上、香肩和胸前撲上白粉，再以胭脂點在嘴唇和乳頭上，讓原本皮膚就白皙的佳人，更顯得白裡透紅，嬌美可愛。

四世公然出雙入對，儼然就像地下皇后一樣。婚後加布莉葉陸續生了三個孩子，但亨利四世卻正式發文承認這些孩子是他的骨肉，由此可見加布莉葉的婚姻很可能只是有名無實的幌子而已。

當時亨利四世在名義上是法國國王，但因為宗教問題，遲遲無法登基加冕。出身新教的亨利四世長期和天主教陣營打仗，雖然在各地獲得勝利，卻遲遲無法攻入巴黎。加布莉葉這個情婦也不好當，但她似乎甘之如飴，陪著亨利四世到處征戰也不以為苦，即使在懷孕大腹便便期間，她也堅持要住在戰場附近的帳篷，以便親自照顧亨利四世的飲食起居，也難怪亨利四世對她寵信有加。他會把自己的心事、祕密和加布莉葉分享，也樂於聽從她的建議。

加布莉葉是天主教徒，她深知要結束宗教戰爭的最好辦法，就是讓亨利四世改信天主教，這樣天主教派就無話可說，不能再堅持另立國王了。亨利四世在加布莉葉的鼓勵下，於１５９３年７月改信天主教，聲稱「巴黎值得一場彌撒」，結束前後將近二十年的宗教戰爭。

亨利四世和加布莉葉聯手收復巴黎之後，隔年終於開心舉行加冕典禮，但亨利四世顯然不滿足於此，他一心想將加布莉葉扶正，成為法國的正統皇后。朝野自然出現強烈的反彈聲浪，但亨利四世堅持己見。他和皇后瑪格麗特感情原本就不好，兩人分居多年，也沒有子嗣，正好可以藉此要求廢后另娶。同時他也打算撤銷朝臣和加布莉葉的婚姻，恢復她的自由身。但是要註銷這兩樁婚姻，都必須先得到教宗的許可才行，加布莉葉只好繼續以情婦的身分輔佐亨利四世。她是相當出色的外交大使，努力運用自己的關係幫亨利四世修補新舊教派的分歧。１５９８年亨利四世頒布南特赦令，承認新教徒的信仰自由，讓新舊教徒不必再爭個你死我活，法國的經濟也在亨利四世的統治下逐漸蓬勃發展。他成了深受法國人民愛戴的國王，但朝野上下依然反對讓加布莉葉成為皇后。因為這麼一來他們的孩子就會變成王位繼承人，皇室私生子的地位向來很低，沒有人樂見亨利四世的私生子將來成為法國國王。這在當時是前所未聞，傷風敗俗的醜聞，加布莉葉自然也被罵得很慘，彷彿她是魅惑國王的妖婦似的。

１５９９年加布莉葉懷了亨利四世的第四個小孩。加上教宗正式取消亨利四世的第一任婚姻，允許他自由再婚。亨利四世在三月把國王的加冕戒指送給加布莉葉，看來一場皇室婚禮指日可待。這幅羅浮宮名畫就暗喻了這樣的情況。金髮的加

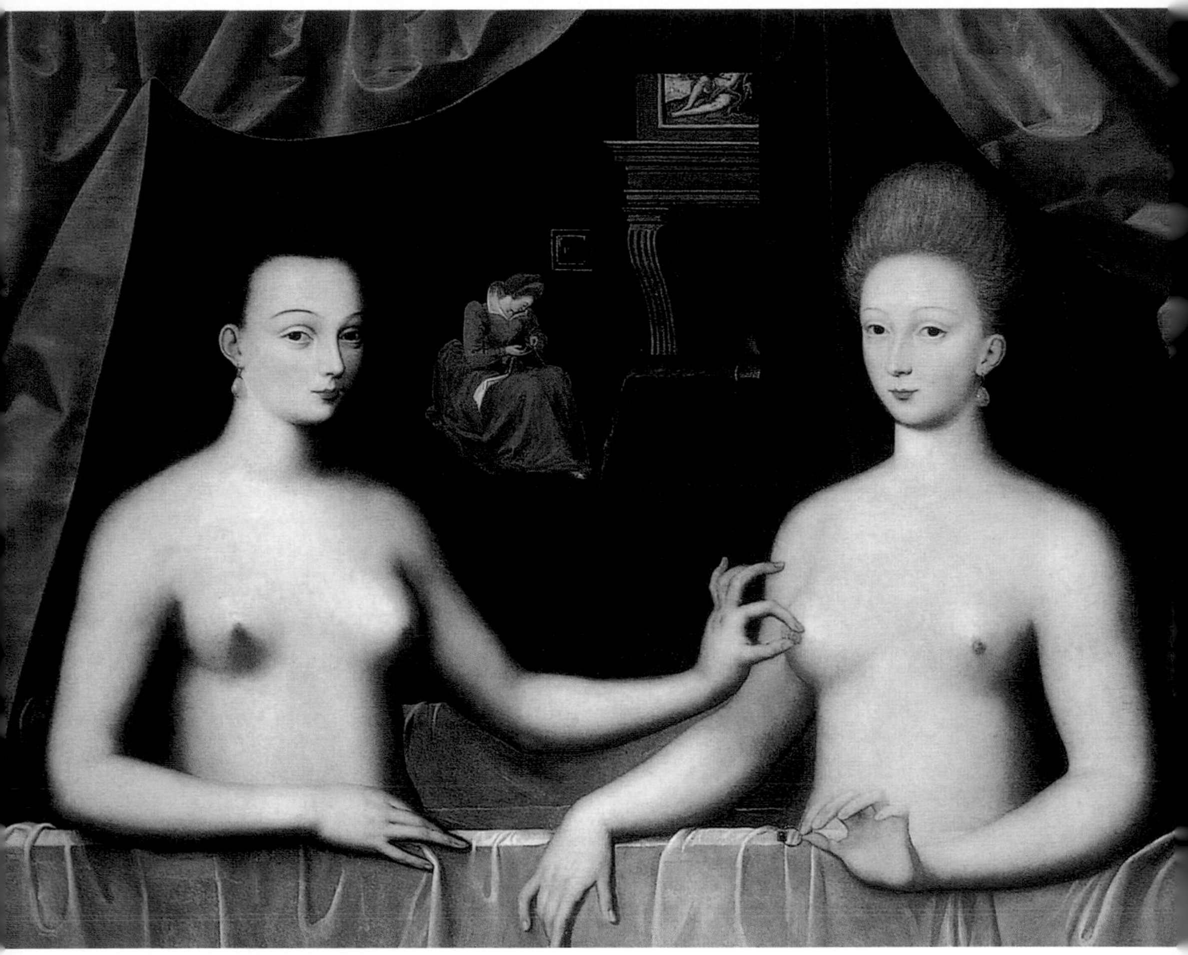

加布莉葉和她的妹妹 約 1594 年

油彩・畫板 96 x 125cm
法國巴黎 羅浮宮
楓丹白露畫派

加布莉葉手上拿著國王送的戒指，妹妹捏住她的乳頭，暗示姊姊很快要開始哺乳了。坐在後面的宮女正低頭趕製新衣，畫中的情景隱隱在暗示一位新皇后即將誕生，無奈終歸是美夢一場，加布莉葉和腹中的孩子都沒能存活下來。

瑪麗．梅迪奇抵達馬賽港（左圖） 1623～1625年

魯本斯 Peter Rubens（1577~1640）
油彩．畫布 394 x 295cm 法國巴黎 羅浮宮

瑪麗下嫁亨利四世的盛事，同樣也是羅浮宮的名畫之一，而且出自大師魯本斯之手，更顯得氣勢非凡。不過瑪麗和亨利四世的感情並不好，因為國王的情婦實在太多了，瑪麗經常醋勁大發和亨利四世爭吵。

加布莉葉畫像（右圖） 1907年

凹版印刷

這是1907年出版的《作家筆下的名女人》書中的插圖。加布莉葉除了是畫家作畫的題材，自然也是作家筆下的傳奇美女。

布莉葉手上拿著國王送的戒指，妹妹捏住她的乳頭，暗示姊姊很快要開始哺乳了。坐在後面的宮女正低頭趕製新衣，大紅的羅帳真是喜氣洋洋。連加布莉葉都深信自己就快當上皇后了，她還說如今只有上帝或國王死亡才會終結她的好運。

只可惜加布莉葉的好運很快就結束了。她在4月5日參加一位義大利銀行家的邀宴，吃完東西人就開始不舒服。4月9日加布莉葉因為嚴重子癇而流產，隔天就去世了。這麼離奇的死亡自然引來不少流言。許多人相信她是被毒死的，免得亨利四世執意立她為后。

加布莉葉的死亡讓亨利四世大為悲痛，他甚至穿黑色喪服哀悼死去的愛人。這在法國是史無前例、不符合宮廷禮儀的作法，但是亨利四世不管那麼多，他決定以皇后的規

加布莉葉臥房

圖為加布莉葉在雪濃梭堡的臥室。這間秀麗的城堡原是法王亨利二世送給情婦黛安娜的禮物。加布莉葉在1597年來過這間城堡做客，也深深愛上這裡。不過加布莉葉並不是這間城堡的女主人，而是由她和國王生的兒子塞薩爾公爵繼承了這座城堡。

格替加布莉葉舉行喪禮。她的棺木由王公貴族一路護送到巴黎的聖哲曼奧塞爾教堂，在那裡舉辦了一場莊嚴隆重的追思彌撒。不過國王的哀悼期沒有辦法持續太久。

舊皇后已經遭到廢除，為了王儲繼承的大統，亨利四世在隔年10月另娶了義大利梅迪奇家族的瑪麗為妻。瑪麗替國王生下後來的路易十三，引領法國進入奢華強盛的巴洛克時期。

巴洛克篇

這是王室權力高漲的時代，然而富麗堂皇的表象，掩飾了近親通婚的皇室悲歌。許多王室成員被奢華的生活蒙蔽了眼睛，沒有看到人民的意識逐漸抬頭……

畫像中的新娘——瑪格麗特・德蕾莎（西元1651～1673年）

在西洋繪畫中最出色的「名模」，當屬十七世紀的西班牙公主瑪格麗特・德蕾莎了。她從小就是名畫中的女主角，從這些畫像就可以看到一位公主的成長。

瑪格麗特是西班牙國王腓力四世最疼愛的女兒，他在私人信件中總是稱呼女兒為「我的喜悅」。不過腓力四世很早就把這個「喜悅」許配給神聖羅馬帝國的皇帝利奧波德一世。以母系族譜來說，利奧波德一世是瑪格麗特的舅舅，以父系族譜來看，利奧波德一世又是瑪格麗特的堂哥。在現代這樣叫做「近親亂倫」，但是在以前這叫「親上加親」，是對兩國都有好處的政治聯姻。

腓力四世每年都會把小公主的畫像送到奧地利，他一向熱愛藝術，替小公主繪製肖像的可是國王最器重的宮廷畫家維拉斯奎茲。畫中的小公主不但美麗可愛，穿著打扮更是華麗高貴。這些畫像除了讓利奧波德一世看看準新娘的成長，多少也在炫耀西班牙王室的富強。利奧波德一世從這些栩栩如生的畫像中，漸漸愛上這位不曾謀面的小堂妹。

瑪格麗特・德蕾莎 1653～1654 年

維拉斯奎茲 Diego Velazquez（1599~1660）
油彩・畫布 128.5 x 100cm　奧地利維也納 藝術史博物館

以前沒有童裝，小孩穿的衣服都是大人尺寸的「縮小版」，圖中的小公主才兩歲，就已經很有公主的氣勢了。

瑪格麗特・德蕾莎
1653～1656年

維拉斯奎茲 Diego Velazquez
（1599~1660）
油彩・畫布 128.5 x 100cm
奧地利維也納 藝術史博物館

這是小公主四歲多的肖像畫，這時候她已經和利奧波德一世訂婚了。西班牙王室年年將公主的畫像送往奧地利，好讓親家知道瑪格麗特的成長，所以這些畫像如今大多存放於奧地利的博物館中。

說起來瑪格麗特算是相當幸運的王室成員了。她雖然出生於近親通婚的家族，但至少身心健康，不像可憐的弟弟卡洛斯一生下來就是智能不足的畸形兒。許多皇室公主也是從小被父母許配給他國的王儲，但這種以政治考量為優先的婚姻，通常就只能忽略雙方在年齡、個性上的差距。像瑪格麗特自己的父母就相差了三十歲。幸好利奧波德一世只比瑪格麗特大十一歲，兩人結婚的時候，利奧波德是二十六歲的年輕君主，瑪格麗特是已達適婚年齡的十五歲，算是郎才女貌的完美結合。

西元1665年腓力四世病故，隔年瑪格麗特收拾悲傷的心情，啟程前往奧地利完婚。利奧波德一世以極為隆重的儀式迎接她，這是他們兩人第一次見面。婚後兩人過著非常幸福快樂的生活。他們的興趣相投，都喜歡音樂和藝術。婚後瑪格麗特還是稱呼利奧波德一世為「舅舅」，利奧波德一世則是喊她「格莉塔」，那是瑪格麗特的德文小名。兩人生了四個孩

侍女 1656 年

維拉斯奎茲 Diego Velazquez（1599~1660）
油彩・畫布 318 x 276cm　西班牙馬德里 普拉多美術館

維拉斯奎茲的名畫《侍女》，描繪的就是小公主瑪格麗特帶著一群侍從跟班，闖入皇宮畫室，打斷維拉斯奎茲正在替國王夫婦畫像的場景。

瑪格麗特·德蕾莎 1659 年

維拉斯奎茲 Diego Velazquez（1599 ~ 1660）
油彩·畫布 127 x 107cm　奧地利維也納 藝術史博物館

這是維拉斯奎茲替小公主完成的最後一幅畫作，隔年這位宮廷畫家就病逝了。左頁上圖穿粉紅禮服的瑪格麗特畫像，是由維拉斯奎茲的女婿馬佐接手完成的。

子，只可惜只有一個女兒活到成年，其他三名子女都在出生不久就夭折了。

要不是瑪格麗特年紀輕輕就香消玉殞，她和利奧波德一世可以算是皇室聯姻中少見的神仙美眷。只可惜連年的小產和難產，讓瑪格麗特的身體日漸虛弱，導致才二十一歲就不幸去世。她的死亡讓利奧波德一世傷心不已，因為他是真心愛著這位美麗的西班牙公主。雖然為了王位大統，利奧波德一世後來又結了兩次婚，但瑪格麗特永遠是他心目中的最愛，畢竟他在情竇初開的少年時期，就看著一幅幅的美麗畫像，憧憬和未來新娘的美好生活了。

比起許多下場淒慘、婚姻不快樂的皇室后妃，瑪格麗特的一生雖然短暫，也算相對平安、幸福了。尤其那一幅幅的畫像，更是把她的容顏永久保存下來，印證了巴洛克時期精緻、華麗的皇家風範。原先單純的新娘畫像，如今早已成為藝術史上的經典作品。

瑪格麗特・德蕾莎 1660 年

馬佐 Juan Bautista Martinez del Mazo
油彩・畫布 212 x 147cm
西班牙馬德里 普拉多美術館

瑪格麗特的穿著打扮正是華麗巴洛克風格的代表。

穿喪服的瑪格麗特・德蕾莎 1666 年

馬佐 Juan Bautista Martinez del Mazo（1610~1667）
油彩・畫布 209 x 147cm
西班牙馬德里 普拉多美術館

由於父親腓力四世病故，瑪格麗特換上喪服表示哀悼。在背景的隨從和小孩也通通換上黑色的喪服。畫家馬佐原本是維拉斯奎茲的學生，後來娶了他的女兒，變成老師的女婿。

他不笨，他是我丈夫——瑪麗・露易絲

（西元1662～1689年）

瑪麗・露易絲 1678年

尚・培帝多

Jean Petitot le vieux

（1607~1691）

瓷釉袖珍畫　法國巴黎 羅浮宮

太陽王路易十四娶了卡洛斯二世同父異母的姊姊瑪麗亞・泰瑞莎。他不想重蹈近親通婚的覆轍，或只是不想把女兒嫁給有缺陷的卡洛斯。總之瑪麗・露易絲在伯父的安排下成了西班牙未來的皇后。

西班牙的瑪格麗特公主是因為婚姻幸福，多產虛弱才導致年輕早逝。但她的弟妹瑪麗・露易絲剛好相反，她嫁到西班牙當皇后，但生活空虛寂寞，結婚將近十年卻盼不到一個孩子，最後同樣不到三十歲就香消玉殞了。

瑪麗・露易絲出生在巴黎的皇家宮殿，她的爸爸奧爾良公爵是法王路易十四的親弟弟。由於她是路易十三的嫡親孫女，所以也得到「公主殿下」的稱謂。瑪麗是個活潑可愛的孩子，從小就是父母的掌上明珠，就連皇太后也很疼這個孫女，死後還留了一大筆遺產給她。瑪麗的童年可以說是快樂無憂，直到十六歲那年路易十四把她許配給西班牙國王卡洛斯二世，她的愉快生活從此變調。

西班牙王室近親通婚的惡果，通通出現在瑪格麗特的弟弟卡洛斯身上。卡洛斯一出生就是畸形兒。他的頭顱和下巴嚴重變形，要是出生在

卡洛斯二世
童年畫像

瑪麗・露易絲
童年畫像

看得出來瑪麗・露易絲從小就甜美可愛。但卡洛斯的童年畫像就有些不自然。

一般民間，這孩子大概養不活了，因為他無法自己進食，也不會走路。不過他可是西班牙唯一的王儲，五歲以前有十四名乳母輪番以乳汁餵養，八歲以前有僕從抱著他到處走動，如此煞費苦心才把腓力四世唯一的繼承人養大了。只不過卡洛斯的智能也有缺陷，他無法接受王儲應有的教育，事實上他的舌頭巨大變形，連說話都有困難，旁人根本聽不懂他在說什麼。但他是腓力四世的獨子，所以父親一死，四歲的卡洛斯就在母親的輔佐下登上王位，成為西班牙的國王了。

雖然卡洛斯的身心都有缺陷，但身為國王還是要傳宗接代。路易十四同意把可愛的姪女嫁給他，自然有其政治考量。他告訴瑪麗這是難得的好姻緣，就連他自己的女兒都嫁不到這麼尊貴的丈夫。瑪麗知道卡洛斯是個智能不足的殘障怪胎，忍不住向伯父抗議：「但是你可以為姪女挑一個更好的。」無奈在那個身不由己的時代，瑪麗還是在1679年啟程前往西班牙完婚，從此她再也不曾返回法國。

瑪麗．露易絲 1679 年

皮耶米納
Pierre Mignard（1612~1695）

畫中的瑪麗頭戴西班牙后冠，身上的禮服繡著百合花飾，這是代表法國王室的紋章，因為她是國王路易十三的孫女，所以可以做這樣的穿著打扮。

瑪麗．露易絲 1679 年

法國凡爾賽宮

這幅畫大約完成於瑪麗．露易絲和卡洛斯二世訂婚的時刻。之後她就啟程前往西班牙了。

瑪麗・露易絲是出了名的美女，卡洛斯二世一見面就瘋狂愛上她。不過瑪麗在西班牙皇宮過得並不快樂。一來西班牙宮廷嚴格刻板，不像巴黎和凡爾賽宮時時充滿歡樂的宴會活動。住在陰暗可怕的皇宮，又有一堆王室規矩要遵守，瑪麗只有逃到郊外的行宮才能暫時喘口氣，她喜歡在那邊蹓蹓從法國帶來的愛馬，聊慰思鄉之苦。不過該盡的皇家義務依然免不了，身為皇后最重要的當然是替丈夫生個王位繼承人，只不過卡洛斯似乎有陽痿的問題，所以兩人雖然圓了房，卻遲遲沒有喜訊傳出。這對夫妻在結婚十年期間虔誠向上帝禱告，希望上天能賜給他們一個孩子，卡洛斯還不惜大開宗教審判，把上百名異端邪說分子判罪或處以火刑，希望藉此得到上帝的恩寵，只可惜十年過去了，皇后的肚皮還是一點動靜也沒有。

宮廷生活的不快樂，加上長久不孕的壓力，原本美麗活潑的瑪麗・露易絲變得鬱鬱寡歡，也愈來愈想念家鄉。她開始以食物來填補空虛的心靈，因此生前的最後幾年身材完全走樣，1689年2月她騎馬蹓達的時候，突然覺得腹部絞痛。她在床上躺了兩天，然後就去世了。臨終

騎馬的瑪麗・露易絲

法蘭西斯科・立奇
Francisco Rizzi
（1614~1685）

瑪麗・露易絲喜歡騎馬，她從法國帶了一些馬匹嫁到西班牙。但王室不准她把馬匹養在馬德里的皇宮，只好圈養在馬德里郊外的行宮。雖然貴為皇后，瑪麗還是有許多規矩要遵守。

西班牙皇后 1679 年

賈西亞．艾達戈 Garcia Hidalgo
（1645~1717）
油彩．畫布 96 x68cm
西班牙馬德里 普拉多美術館

看得出來剛嫁到西班牙王室的瑪麗．露易絲身材是十分苗條的，但最後卻因為長年的壓力與抑鬱，開始暴飲暴食而導致身材走樣。

前她對卡洛斯說：「陛下將來可能會有其他妻子，但沒有一個會像我這麼愛你。」卡洛斯雖然智能不足，卻是全西班牙唯一真心愛她的人。經過十年的相處，瑪麗・露易絲對丈夫的依賴和深情，恐怕也是她自己始料未及的。

瑪麗・露易絲的猝逝讓卡洛斯二世心碎了。雖然有人謠傳是皇太后不滿媳婦遲遲無法生養，這才下毒害了她，以便幫兒子找個新皇后，但這種陰謀論無法證實，後人大多認為瑪麗・露易絲是死於盲腸炎。不過皇太后確實在半年內又替兒子娶了新皇后，只是她也無法懷孕。看來問題的確出在卡洛斯身上。

往後卡洛斯的身心狀況越來越糟，行為也日漸怪異，他甚至因為過度思念瑪麗・露易絲，還叫人挖墳開棺，要不是僕從拉住他，他就要上前抱住腐爛的屍體傾訴思念之情了。不管卡洛斯是癡是傻，瑪麗・露易絲在地下有知恐怕也會深深嘆息吧！

瑪麗・露易絲的遺容瞻仰 1689 年

塞巴斯欽・穆紐茲 Sebastián Muñoz（1654~1690）
美國紐約 西班牙藝術研究協會

瑪麗・露易絲的猝死讓卡洛斯沉痛不已。對照左上方的生前肖像及靈床上的遺體，連天使也不禁悲泣起來。

情婦的生存之道——龐芭度夫人（西元1721～1764年）

國王要娶哪位名媛公主為妻，通常有政治或外交上的考量，輪不到自己做主。許多國王結婚只是盡義務，反正要風花雪月，外頭多得是美女任他挑選。情婦不像皇后有不可動搖的地位，就算不是因為年華老去，也可能純粹因為國王喜新厭舊，或是因為其他情婦爭寵而失去地位。法王路易十五正是這種風流國王，他有一群侍從專門幫他物色美女，此外各派朝臣也會進獻情婦人選，以便在國王身邊建立自己的人脈。在如此「競爭」的環境中，卻有一位少婦從二十四歲被國王看上以後，到四十二歲去世前都陪在路易十五身邊，堪稱國王的「地下皇后」。這位傳奇女子就是龐芭度夫人。

龐芭度夫人本名珍・安東妮特・波松。九歲時媽媽帶她去算命，算命師表示這個女孩將來會擄獲國王的心。於是她的小名就成了「小皇后」。或許媽媽對算命師的話深信不疑，雖然他們只是中產階級，但珍還是接受很好的教育。她會彈琴、唱歌、畫畫和雕刻，甚至能背誦好幾齣戲。珍的父

龐芭度夫人（局部） 1750年

布雪 Francois Boucher（1703~1770）
油彩・畫布
美國劍橋 哈佛大學佛格美術館

彷彿命中注定似的，珍從小就被家人朋友戲稱為「小皇后」了。

親因為負債避居海外，但她的監護人很疼愛她，也很捨得花錢栽培她（所以有人猜測這位有錢的監護人其實是她的親生父親）。

珍十九歲那年，監護人撮合他的侄子戴迪奧勒和她結婚。珍同意這項安排，因為戴端勒是法國貴族，嫁給他就能晉身上流社會，也才有機會見到國王。像珍這樣美麗又有才華的少婦，很容易吸引一大堆傾慕者，這在當時是很平常的事。不過珍竟然一個情人也沒有，她會撒嬌地說：「只有國王才

路易十五 1748 年

莫里斯・康坦・德拉圖爾
Maurice Quentin de La Tour
（1704~1788）
粉彩・畫紙 60 x 54cm
法國巴黎 羅浮宮

路易十五是歐洲當時出名的美男子，他生性風流，身邊永遠不乏情婦圍繞。

瑪莉皇后 1748 年

卡勒・范盧
Carle van Loo（1705~1765）
油彩・畫布 224 x 152cm
義大利佛羅倫斯
帕拉提納美術館

波蘭公主瑪莉在 1725 年嫁給法王路易十五，在這幅畫像完成的時候，龐芭度夫人已經是路易十五的情婦了。

能讓我對丈夫不忠。」這句俏皮話總能逗笑大家，其中笑得最大聲的就是她的丈夫。但這樣反而讓珍在巴黎社交圈打響知名度。她成立自己的沙龍，結交許多哲學家和藝術家。她的名氣自然漸漸傳到國王耳中。

西元1745年2月凡爾賽宮舉辦了一場盛大的化妝舞會，慶祝皇太子和西班牙公主結婚，珍也受邀參加。當時路易十五扮成一棵樹，珍扮的是牧羊女，國王看到全巴黎最美麗的女人，不禁脫下面具和她聊天。3月珍就成了國王的情婦。這下子戴迪奧勒非但笑不出來，還哭到暈了過去。無奈連他的父親和叔叔都來勸退，他們都希望藉由珍討國王歡心。於是5月這對年輕夫妻正式宣布離婚。

不過珍需要貴族的頭銜才能進出宮廷，以往國王的情婦都是貴族出身，她算是第一個中產階級出身的側妃。於是路易十五冊封她為

龐芭度夫人 1756 年

布雪 Francois Boucher（1703~1770）
油彩・畫布 201 x 157cm　德國慕尼黑 古代美術館

龐芭度夫人在畫像中的姿勢都相當自然隨興，有時是斜倚在沙發上看書、看報，有時是靠在庭院欄杆賞景。這樣的人物肖像顯得更生活化。

維納斯梳妝 1751 年

布雪 Francois Boucher
（1703~ 1770）
油彩．畫布 108 x 85cm
美國紐約 大都會博物館

這幅畫作是用來裝飾龐芭度夫人受封為女侯爵所獲贈的美景宮。畫中肌膚勝雪的維納斯正是龐芭度夫人本尊。

龐芭度女侯爵，賜予她封號、采邑和紋章。9月龐芭度夫人正式入宮晉見國王和皇后，她要分別到國王和皇后的房間去請安問好。宮中的好事者都擠到皇后房間，想看看正宮娘娘和美豔情婦的第一次交手。結果並沒有預期中的火藥味出現，因為龐芭度夫人極為恭敬、謙卑，瑪莉皇后也和悅地和她聊天，並沒有為難她，兩人都保持很好的風度。

早期宮中有許多人看不起龐芭度夫人，嫌她的出身低，皇太子甚至暗地稱她「婊子嬤嬤」，感覺這個情婦不是很好當，但龐芭度夫人一當就是二十年，不得不讓人佩服她的能耐。她的成功有幾個祕訣，第一就是對皇后始終恭謹尊敬，這樣不但減少國王的愧疚感，宮中的氣氛也比較和諧，就連瑪莉皇后自己都說了：「如果國王真的要養情婦，那麼寧可是龐芭度夫人，總好過其他女人。」

其次就是龐芭度夫人懂得國王的需要。她知道繁瑣的國事常讓路易十五頭痛心煩，於是她用心打造一個輕鬆自在的環境，讓國王能暫時拋開繁文縟節，享受中產階級的隨興生活。據說國王在龐芭度夫人準備的住處是如此放鬆，他可以一邊吃龐芭度夫人準備的晚餐，一邊還幫忙倒咖啡，完全就是平凡小夫妻的生活寫照。龐芭度夫人和其他情婦不同，她不只在床帷之間取悅國王，還陪著他到處打獵、巡遊，甚至玩撲克牌，或是替他安排戲碼，陪他聊天，分擔他的心事，久而久之她成了國王最重要的朋友，國王破例把她接到凡爾賽宮居住，這樣他就可以天天去找她了。

只不過龐芭度夫人身體不好。1750年以後她和國王就沒有親密行為了，但她仍然是國王身邊的「第一情婦」。龐芭度夫人在皇家鹿園安排了一棟小屋，替國王物色新的情婦人選，藉此控制國王交往的對象和數量。事實上在龐芭度夫人之後，路易十五大多只有短暫的風花雪月，很少有人能夠動搖她在宮中的地位。期間當然有別的情婦嘗試過，

龐芭度夫人 1759年

布雪 Francois Boucher（1703~1770）
油彩．畫布 91 x 68cm
英國倫敦 華萊士收藏館

龐芭度夫人經常請畫家將她畫得年輕、漂亮一點。雖然她和國王在1750年以後就沒有親密關係，但是她會利用屋裡懸掛的畫像，時時提醒國王她的甜蜜美麗。

例如墨菲夫人就是一例。她大概在1753年成為國王的新寵，十六歲的她正是青春賞味期，很快就和路易十五打得火熱。但是她年輕不懂事，自以為已經牢牢抓住國王的心，就妄想把龐芭度夫人趕出去，結果反而惹得國王大怒，強行把她嫁給一位貴族，她的情婦生涯只維持了短短兩年。反觀龐芭度夫人雖然青春不再，但她一直是路易十五最倚重、信賴的紅粉知己。她對路易十五的影響很深，有時外國使節不經正常管道，反而找龐芭度夫人關說求情。她儼然成了法國的「地下首相」。據說前線作戰的將軍還收過夫人用眉筆畫的作戰圖呢！這也是龐芭度夫人最受指責的地方。許多人認為路易十五之所以加入歐洲七年戰爭，是受到龐芭度夫人的策動。這場戰役讓法國顏面盡失，還割讓許多屬地，國力也迅速轉弱，法國人自然相當痛恨路易十五和他的情婦。

不過龐芭度夫人對於法國的藝術文化確實有不容抹滅的貢獻。受過她資助的文人雅士包括哲學家伏爾泰、畫家布雪，及編纂百科全書的狄德羅等人。她大力推廣洛可可風格，把華麗、細緻、甜美的品味反映在服裝、建築和擺設上。法國著名的賽弗勒瓷器廠也是在她的贊助下成立的。可以說如果沒有龐芭度夫人，就沒有法國十八世紀的洛可可文化。

1764年龐芭度夫人因為肺結核已經非常衰弱，根據宮廷的規定，非皇室家族的成員不得死於凡爾賽宮。但是路易十五捨不得將奄奄一息的夫人送往宮外，堅持讓她留下來，直到她過世才急忙以床單包裹屍體運出宮外。出殯當天礙於宮廷禮儀，路易十五也不能紆尊降貴地送她最後一程，只能在凡爾賽宮的陽臺默默目送龐芭度夫人的送葬隊伍。當時下著濛濛細雨，路易十五忍不住嘆息：「夫人的旅行沒有遇上好天氣啊！」

龐芭度夫人 1764 年

德魯埃 François-Hubert Drouais（1727~1775）
油彩．畫布 217 x 156.8cm
英國倫敦 華萊士收藏館

這幅肖像畫在龐芭度夫人生前即開始繪製，但直到她去世才完成，是她在人世間留下的最後儷影。她的一生極其尊榮，據說她在十九年情婦生涯領到的資產俸給，總值相當於現在的兩億美金。

不管龐芭度夫人的是非功過如何，她讓一位性好女色的國王，有情有義地陪她走到生命盡頭，當真是把情婦之道發揮得淋漓盡致，無人能出其右了。

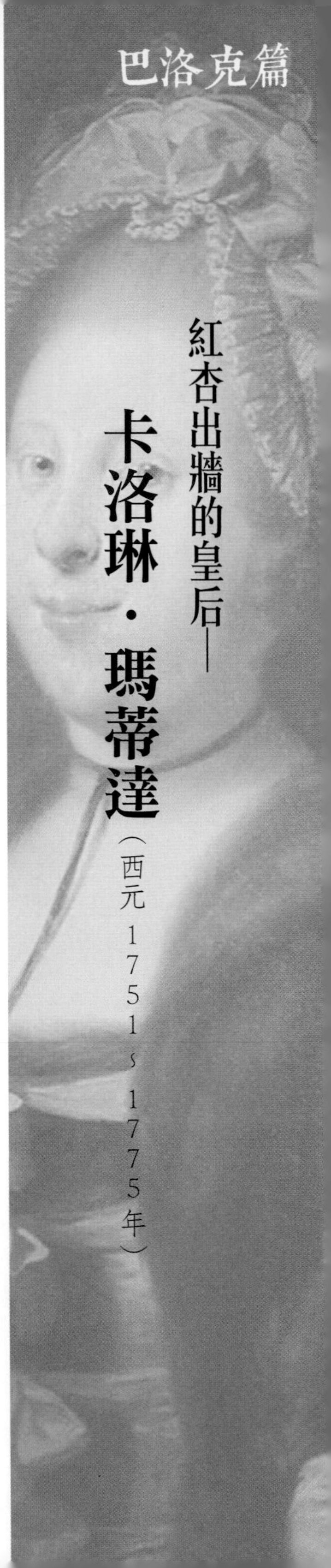

紅杏出牆的皇后——卡洛琳・瑪蒂達（西元1751～1775年）

卡洛琳・瑪蒂達出身英國王室。她的父親原本是英國王儲，只可惜在卡洛琳出生之前就病死了。後來卡洛琳的大哥繼承王位，成了英國在位長達六十年的喬治三世。而卡洛琳的終生大事自然就落到哥哥身上。她剛滿十五歲，喬治三世就把卡洛琳嫁給丹麥國王克里斯提安七世了。

克里斯提安的媽媽是卡洛琳的姑母，兩人算是表兄妹。他大卡洛琳二歲，感覺兩人年紀相當，又是親上加親，應該是一段門當戶對的好姻緣。只可惜克里斯提安瘋得厲害，精神狀況相當不穩定，自然也沒辦法接受什麼教育。他常常呆呆望著自己的手，再不然就是袒胸露背，展現自傲的六塊肌。他非常迷戀自己的身體，有謠傳指稱他是同性戀，但他也喜歡和妓女玩變裝、鞭笞等性愛遊戲，病情嚴重的時候他還會自殘，或者嚷嚷著要殺人。這樣的精神病患恐怕連自己都照顧不好了，如何還能治理國家呢？

卡洛琳雖然稱不上絕世美女，但個性開朗迷人，她喜歡騎馬和大自然，又能說多國語言，還

卡洛琳・瑪蒂達

英國皇家收藏

卡洛琳不算絕世美女，據說她的美麗足以吸引男人的目光，但又不致於招女人妒忌。

威爾斯王子全家圖 1751 年

喬治・克內普頓

George Knapton（1698~1778）

油彩・畫布 350 x 462cm

英國皇家收藏

卡洛琳是英國王儲的遺腹子。她出生時父親已經過世，所以這張全家福是媽媽抱著她，其他哥哥姐姐圍繞在一旁。父親則是在後方畫像中注視他的家人。

有一副好歌喉，這麼一位嬌滴滴的公主嫁入丹麥皇室，面對瘋瘋顛顛的丈夫，心情恐怕比北歐的嚴冬更冰冷了。克里斯提安的母親早已去世，朝中的皇太后是國王的繼母，自然也不會對卡洛琳特別關照。可憐的卡洛琳在丹麥連個依靠的對象也沒有，這頂后冠實在太沉重。但她還是咬牙撐了下來。既然丈夫無法治理國家，她乾脆跳出來攝政。反正克里斯提安七世根本就不想當國王，他樂得讓皇后大權在握，這樣還能增添他喜歡被女性主宰、壓迫的幻想呢！

不過卡洛琳王后除了代替國王處理政務，也沒忘記身為皇后該盡的義務。克里斯提安在朝臣勸說下勉強與皇后圓房。卡洛琳在1768年生下兒子。皇室有了繼承人，她的地位就更穩固了。克里斯提安更是樂得從此輕鬆，再也沒有人拿皇室責任來煩他。他於同年前往歐洲各地旅行了大半年。少了歇斯底里的丈夫，卡洛琳也樂得輕鬆，從此她愛做什麼就做什麼，沒有人能干涉她。喜愛戶外生活的卡洛琳，夏

克里斯提安七世

1768 年

油彩．畫布 76 x 63cm
英國皇家收藏

克里斯提安在父親過世後繼承王位，當時他還沒滿十七歲。不過據說他有精神分裂症，所以實際掌權的起先是皇后卡洛琳，後來則是他的皇太后繼母。

天帶著新生的兒子住到湖邊的水晶宮，甚至也會隨興到哥本哈根散散步。這在現代來說根本沒什麼，但在當時卻引發不少議論。以前的皇室出入都要乘坐馬車，皇后拋頭露面在首都逛大街，這實在太不像話了。不過卡洛琳似乎不在意他人的眼光，她的生活已經夠寂寞了，偶爾一點小小的放縱，或許能稍微安慰她孤獨落寞的心情吧！

１７６９年克里斯提安歐遊歸來，同時還帶回一位德國醫生史楚恩西，那是他在旅途中認識的朋友。史楚恩西醫生很能應付國王的精神病發作，所以克里斯提安相當倚重他，不但帶他回哥本哈根，還邀他入閣擔任首相。沒想到皇后卡洛琳卻愛上這位博學多聞的醫生。兩人的戀情根本就是半公開的祕密，儘管大家議論紛紛，但國王似乎無動於衷。１７７１年卡洛琳又生下一位小公主，這擺明了是史楚恩西醫生的骨肉，但克里斯提安也沒說什麼，任由卡洛琳將女兒報在自己名下，承認她是國王的孩子。克里斯提安的病情愈來愈嚴重，國家大事都由史楚恩西和卡洛琳處理。這對戀人儼然成為丹麥的新國王和新皇后。

如果史楚恩西和卡洛琳低調一點，或許可以一直這樣過著幸福快樂的生活，但卡洛琳我行我素習慣了，她公然和情人出雙入對，喜歡騎馬的她甚至會換上俐落的男裝，方便跨上馬匹暢快馳騁。她以為只要克里斯提安七世不管，就沒有人管得動她，殊不知這樣的行為在丹麥人民眼中，已經快到不能忍受的地步了。

從英國來的皇后紅杏出牆還如此高調，而德國來的醫生首相又以國王自居，丹麥朝政從此就由兩個外來者掌管，這教民眾怎麼服氣？偏偏史楚恩西一心要把盧梭思想和人文主義帶入丹麥。他在不到一年期間，就頒修上千條法令（平均一天修改三條法律）。這不但讓丹麥人民無所適從，也深深覺得史楚恩西不尊重當地的風俗民

露易莎公主與卡洛琳公主 1767 年

法蘭西・寇特 Francis Cotes （1726~1770）
油彩・畫布 265 x 186cm
英國皇家收藏

卡洛琳的爸媽總共生了九個孩子，圖中坐著的是卡洛琳的七姊露易莎。站在一旁的卡洛琳是么妹，兩人的穿著打扮反映了巴洛克時代甜美華麗的風格。

穿上男裝的卡洛琳

喜歡騎馬的卡洛琳，換上一身軍裝，別有一番颯爽的英氣。只可惜丹麥人民覺得這樣的皇后有些不倫不類。

卡洛琳的情人史楚恩西

他有心改革丹麥，但是他與皇后的戀情，以及激進的改革手法，都不被丹麥人民所接受。

情。克里斯提安的繼母和宮中朝臣自然更不願國家實權就此交到他人手上，於是開始偷偷醞釀一場政變。

西元1772年1月16日，卡洛琳和史楚恩西參加了一場化妝舞會，兩人沉醉於美酒笙歌，不知風雲即將變色。當晚她和史楚恩西就遭到逮捕。卡洛琳被送到丹麥的克倫堡等候判決，一開始她堅決否認和史楚恩西有曖昧情事，希望能救情人一命，只可惜她連自己的地位都保不住，更甭提要救其他人了。在皇太后的主導下，克里斯提安於1772年4月宣佈撤銷和卡洛琳的婚姻，從此她再也不是丹麥的皇后了。史楚西恩以叛國罪被處以支解刑，下場相當悲慘。

不過再怎麼說，卡洛琳總是英國國王的么妹。丹麥政府並沒有太為難她，卡洛琳最後獲得釋放，但礙於如此不堪的名聲，連哥哥喬治三世也不願讓她回英國定居。他把卡洛琳安置在德國的策勒城，在當時那裡還是英國的海外屬地。卡洛琳從此不曾再見過她的子女。她一心想藉著哥哥的力量重回丹麥，以便奪回政權和兒女。她寫信爭取哥哥支持，聲稱為了她兒子的幸福著想，希望哥哥能助她一臂之力。只可惜喬治三世尚未表態，卡洛琳就得了猩紅熱突然去世，得年不過二十四歲，真是紅顏薄命。

自古以來皇后的貞操是不容懷疑的，就算有異性知己或祕密情人，也是低調到不行，頂多只是宮中的流言八卦而已。卡洛琳貴為丹麥皇后，卻高調談情說愛，連孩子都生了下來，或許過於明目張膽的紅杏出牆，註定會有悲劇性的結局吧！

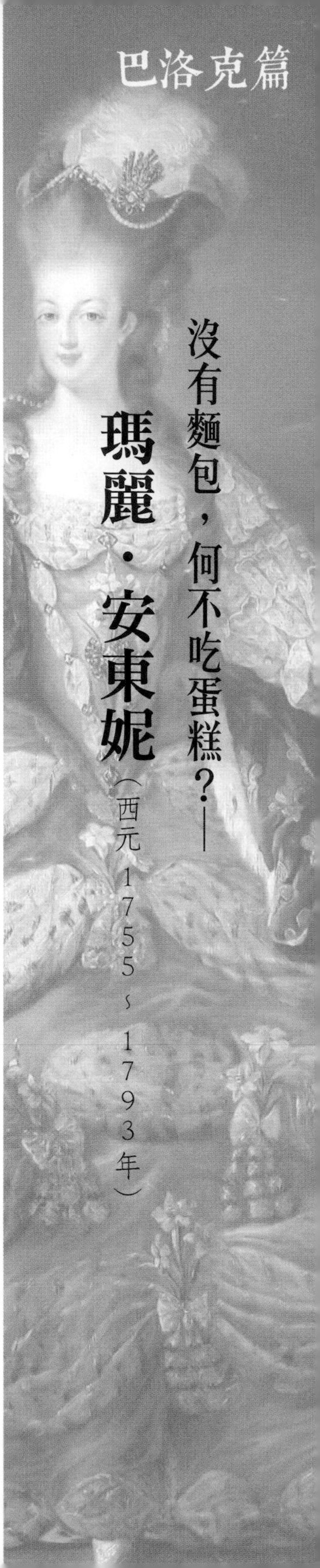

沒有麵包，何不吃蛋糕？——瑪麗·安東妮（西元1755～1793年）

瑪麗·安東妮 1762年
梅登斯 Martin van Meytens（1695~1770）
油彩·畫布
奧地利維也納 熊布朗宮

這是瑪麗·安東妮七歲左右的畫像。據說她當時和莫札特有段兩小無猜的邂逅。

說來諷刺，一提到瑪麗·安東妮這位法國皇后，最常想到的就是那句「沒有麵包，何不吃蛋糕？」但她根本沒說過這樣的話，這一切都是革命黨人的「陰謀」。她是另一位上了斷頭臺的皇后，只不過時代變了，下令處死她的不是國王，而是憤怒起義的人民。

瑪麗·安東妮本來是無憂無慮的奧地利小公主。她的父王和母后感情很好，生了十六個孩子，瑪麗·安東妮是么女（底下還有一個弟弟）。可想而知她的童年是熱熱鬧鬧，從來不缺乏玩伴的。她不愛唸書，只喜歡音樂、舞蹈和洋娃娃。她的音樂老師是當時知名的音樂家葛路克。瑪麗·安東妮會彈奏大鍵琴和豎琴，也常在家族宴會演唱法國歌曲和義大

瑪麗・安東妮 1767 年

梅登斯
Martin van Meytens
（1695~1770）
油彩・畫布
奧地利維也納 熊布朗宮

這是瑪麗・安東妮約十三歲的畫像。

利詠嘆調。據說音樂神童莫札特七歲進宮演奏時，在光滑的地板跌倒了，就是同齡的瑪麗・安東妮伸手扶他起來的。莫札特還因此破涕為笑，童言童語的直說長大要娶瑪麗・安東妮為妻。不過七歲孩子的求婚是不能當真的，因為瑪麗・安東妮在十二歲那年就已經許配給法國的皇太子路易了。

瑪麗・安東妮上頭還有好多姊姊，原先和法國皇室聯姻是輪不到她的。但是一場天花奪走八姐喬安娜的生命，於是十二歲的瑪麗・安東妮出線，準備嫁到法國當太子妃。為此，平常不愛唸書的小公主，也只好開始惡補法文和法國歷史，這還不是最痛苦的事，瑪麗・安東妮本來有一口歪七扭八的牙齒，讓人看了就搖頭嘆氣。在沒有麻醉劑的年代，要矯正牙齒可是為期好幾個月的酷刑。但最後醫生總算讓她有一口美麗整齊的

瑪麗・安東妮 1769 年
杜克俄
Joseph Ducreux （1735~1802）
粉彩・畫紙 65x50cm
法國 凡爾賽宮

這是瑪麗十三歲的畫像。法國特地派畫家杜克俄前往奧地利替小公主畫像，好讓皇太子看看未來的新娘是什麼模樣。

牙齒，能露出未來皇后應有的燦爛笑容了。

瑪麗・安東妮十四歲初經來潮，二個月後奧地利女皇就把女兒送往法國完婚了。不過婚是結了，夫妻兩人卻長達七年沒有圓房。據說路易皇太子有包莖的問題，性交會造成劇烈疼痛，所以他寧可去打獵、鑽研製鎖技術，也不肯親近嬌滴滴的妻子。這當然帶給瑪麗莫大的壓力。得不到丈夫歡心已經夠難過了，她的母后每個月還從奧地利寫信前來關切，責怪她怎麼還是處女，再拖下去就要人老珠黃了。

為了忘掉這些不愉快，瑪麗・安東妮開始躲進她的小小社交圈。她小時候喜歡洋娃娃，現在則用大量的羽扇、禮服、鑽石來裝扮自己。為了排遣獨守空閨的寂寞，她經常徹夜賭博，參加各種舞會派對。年輕漂亮的瑪麗・安東妮自然有不少仰慕者，據說她和英俊的瑞典貴族菲爾遜還陷入熱戀，宮中自然出現不少蜚短流長。能夠打進皇太子妃社交圈的少數人自然圍著她團團轉，但那些不得其門而入的貴族不免懷恨在

瑪麗・安東妮 1775 年

達可提 Jean-Baptiste Gautier Dagoty（1740~ 1786）
油彩・畫布 160x128cm　法國 凡爾賽宮

這是瑪麗・安東妮加冕為皇后所穿的禮服，看起來雍容華貴，她手裡撫著地球儀，彷彿世界全在她掌握之中。但畫像美化了事實，瑪麗・安東妮其實充滿無力感。

心。路易十五的情婦杜巴利夫人尤其介意太子妃對她視而不見。她的出身雖然低賤，卻深得國王寵愛，對政局也有一定的影響力。從她得以住進凡爾賽宮就知道她的勢力不容小覷。但天真的瑪麗．安東妮哪裡懂這些？幾位法國公主拉攏她一起仇視這位鳩佔鵲巢的情婦，她也就隨著與杜巴利夫人劃清界線。但杜巴利夫人可不是好惹的，她不但跑到國王面前哭訴，導致路易十五對這個年輕媳婦大為惱怒，還刻意送了一個嬰兒搖籃給太子妃，暗諷她生不出孩子，這些都讓瑪麗．安東妮在宮中的日子雪上加霜。

最後，是奧地利女皇和奧地利大使出面施壓，逼迫瑪麗．安東妮一定要和杜巴利夫人和解。於是在１７７２年的新年派對上，瑪麗．安東妮勉強開口對杜巴利夫人說了一句：「凡爾賽宮今天人真多啊！」杜巴利夫人這才釋懷，覺得扳回了面子。但事後瑪麗．安東妮哭了。她大概覺得很委屈，感覺生活中幾乎沒有她能做主的事，於是她繼續沉迷於賭博和購物。但這兩種興趣都造成王室財務大失血。雖然法國的財政赤字是從路易十四時代就累積下來的，不能把一切都怪到瑪麗．安東妮頭上。只是當法國人民窮得沒有麵包吃，太子妃卻天天奢華度日，自然就成為眾矢之的。瑪麗．安東妮成了小報書刊批評、取笑的對象。人們叫她「虧空夫人」、「奧地利賤人」，還有許多下流的色情小說、漫畫都是以她為主角。瑪麗．安東妮不知道自己在紙醉金迷的同時，已經快要成為人民公敵了。

１７７４年路易十五駕崩。路易十六登基。十九歲的瑪麗．安東妮當上皇后，但皇后遲遲沒有懷孕仍然是一大問題。瑪麗．安東妮顯然受不了這麼大的壓力和責任。她開始嚮往淳樸踏實的生活，路易十六讓她在凡爾賽宮建造一座小農莊，享受農村生活的野趣。但是皇宮外的農家吃

凡爾賽宮 小農莊

這是瑪麗・安東妮在凡爾賽宮花園內建置的小農莊。她在這裡養花蒔草，擠擠新鮮牛奶，紙醉金迷的生活過膩了，換個口味反而頗有趣味。

瑪麗．安東妮與子女 1787 年

依莉莎白．維澤 - 勒布倫
Elisabeth Vigée-Lebrun（1755~1842）
油彩．畫布 275 x215cm
法國 凡爾賽宮

瑪麗．安東妮生了二子二女。長子和么女都生病早逝，次子死於法國大革命的監獄中。只有長女倖存，最後回到母親的故鄉奧地利，享年七十二歲。

不飽，皇宮內卻把農村生活當成娛樂，這讓人民更加不是滋味。

１７７７年瑪麗．安東妮的大哥約瑟夫二世前來凡爾賽作客，此行除了觀察法國政局，也是要弄清楚妹妹和妹夫為何結婚七年遲遲沒有圓房，據說路易十六忍痛請醫生動了手術，但那個年代沒有麻醉藥和抗生素，加上路易十六幾乎天天打獵，並沒有短期臥病休養的紀錄，又似乎不太可能。總之在約瑟夫二世介入之後，路易十六終於和皇后圓房，隔年瑪麗．安東妮就懷孕了。雖然第一胎生的是小公主，但她陸續又生了三個孩子。她總算盡了皇后的責任，也享受成為母親的喜悅了。

不過說來諷刺，法國好不容易有了王位繼承人，但窮困的人民卻連國王也不想要了。日子窮得連麵包也沒得吃，難怪暴民要上街抗議。西元１７８９年法國大革命爆發，民眾攻陷巴士底監獄，緊接著又攻入凡爾賽宮，王室家族成了階下囚。期間路易十六試圖帶著家人假扮僕役逃跑，但錢幣上就有國王肖像，終究還是被認了出來。急於推翻君主制的革命黨將他們冠上叛國的罪名。路易十六率先在１７９３年１月上了斷頭臺，瑪麗．安東妮更是被妖魔化，以性侵兒子、危害國家等莫須有的罪名草率將她定罪。

西元１７９３年10月，瑪麗．安東妮還來不及過三十八歲生日，就被送到協和廣場的斷頭臺。她步上刑臺之前不小心踩到劊子手的腳，還向他道歉：「先生對不起，我不是故意要這樣做的。」

這句遺言道盡她生錯時代的無奈。她就像生長在凡爾賽宮的溫室玫瑰，外面世界的風風雨雨並不是她造成的。她只是在激情的革命氣氛下，不得不鏟除的王室象徵而已。於是盛開的玫瑰提早殞落，留下遍地的美麗與哀愁。

瑪麗・安東妮 臥室一隅

瑪麗・安東妮位於小特里亞濃宮的臥室。為了躲避凡爾賽的皇室生活，瑪麗・安東妮經常躲在這個素雅的行宮，過著想像中的淳樸生活。小特里亞濃宮位於凡爾賽花園一隅，如果有機會到凡爾賽宮一遊，別忘了到花園逛逛，看看瑪麗・安東妮的別館和小農莊。

近代篇

帝國迅速崩落，權力漸漸轉移到議會和人民手中。王室的象徵意義大於實質意義。傳宗接代和聯姻的重要性逐漸減低。這不表示近代王室后妃的生活就比較輕鬆。輿論的力量和媒體的過度關注，照樣壓得人喘不過氣來……

Photo: Patrick Demarchelier

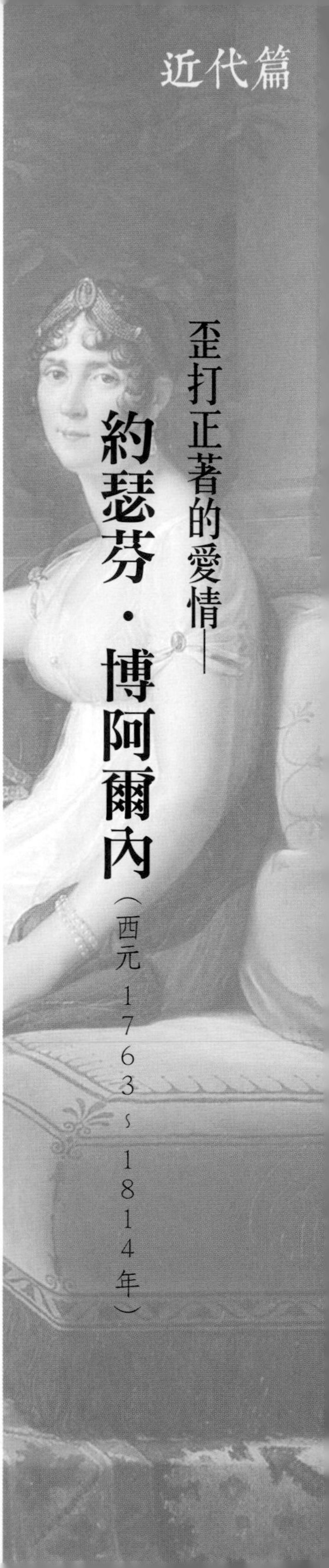

歪打正著的愛情——
約瑟芬·博阿爾內（西元1763～1814年）

約瑟芬比瑪麗·安東妮晚生了十幾年，兩人雖然先後成為法國皇后，不過命運卻大不相同。約瑟芬在法國大革命時期僥倖逃過一死，雖然最後也丟了后冠，但至少保有皇后的頭銜和尊嚴，而且還安然活過十八世紀，見證了十九世紀的到來。她和拿破崙的愛情故事膾炙人口，但其實一開始他們會交往，完全是各取所需的利益考量。

約瑟芬誕生於法國的海外屬地馬丁尼克島。家族經營甘蔗園，十五歲時遠在巴黎的姑姑幫她安排了一門親事，於是爸爸帶著她千里迢迢來到法國，嫁給貴族青年亞歷山大·博阿爾內。不過兩人婚後感情並不好，一來亞歷山大已經有情人了，娶約瑟芬只是為了繼承家產。二來約瑟芬缺乏巴黎名媛的優雅氣質，那種直率的島國作風讓他不敢領教，不過他們還是生了一男一女。

法國大革命時期，亞歷山大和約瑟芬先後遭雅各賓黨逮捕入獄，財產也被充公，亞歷

約瑟芬 1801 年

傑哈 François Gérard（1770~1837）
油彩・畫布 178 x 174cm
俄國聖彼得堡 艾米塔吉博物館

約瑟芬喪夫之後，經常出入上流人士聚集的沙龍。她一個人要撫養兩個孩子，最容易的作法就是投靠能供養她的有錢人，從寡婦的身分變為情婦。

山大比較倒楣，他最後被判了死刑，結果剛上斷頭臺不過才短短五天，雅各賓黨就遭到推翻，約瑟芬幸運逃過一死，經過三個月的牢獄之災，新的熱月黨政權釋放了她。

三十歲的約瑟芬恢復自由身，經過十多年的巴黎洗禮，她早已熟悉上流社交圈的文化，再加上來自加勒比海的異國風情，讓她變成風情萬種的交際花，慕名親近的政客和富商不少，其中包括保羅．巴哈子爵。不過後來巴哈子爵又有更年輕的情婦，再加上約瑟芬花錢如流水，他實在供養不起，於是心生一計，打算把約瑟芬介紹給正在尋找太太的拿破崙。

拿破崙是軍事奇才，年紀輕輕就當上大將軍，受他指揮的將領年紀幾乎都比他大，這種感覺不是很好。他覺得如果娶個年紀稍長的女人，會讓他顯得比較老成穩重，最好還是個有錢女人，這對他的政治發展肯定更有幫助。在巴哈子爵的牽線下，兩人在派對中見面了。拿破崙覺得約瑟芬嫵媚動人，而且出手海派闊綽，顯然具備了他要的條件，於是展開熱烈的追求。剛開始約瑟芬對於矮小的拿破崙毫無興趣，但後來察覺巴哈子爵急於擺脫她，於是也決定另找飯票，這才接受了拿破崙的追求。

等到拿破崙發現約瑟芬足足大了他六歲，而且也不是什麼有錢貴婦時，他已經深陷情網，再也無法自拔了。拿破崙在家人介紹下，於１７９５年早已和小他八歲的富家千金黛絲瑞．克拉利訂婚。但追到約瑟芬之後，他毅然撕毀婚約，不顧家人反對在１７９６年娶了她。此時拿破崙二十六歲，約瑟芬已經三十三歲了。拿破崙的家人氣得半死，看不出這個帶著兩個拖油瓶的半老徐娘有什麼好。但說也奇怪，黛絲瑞和約瑟芬卻成為好朋友，可見約瑟芬確實有迷人、可親之處。

婚後三天拿破崙就帶兵出征義大利，只能透過熱情火辣的情書向約瑟芬傾吐相思之情。約瑟芬對拿破崙的感情本來就不深，加上婆家根本不接受她，於是

皇后約瑟芬的加冕（局部） 1805～1807 年

大衛 Jacques-Louis David（1748~1825）
油彩・畫布 629 x 979cm　法國巴黎 羅浮宮

約瑟芬加冕的禮服拖著沉重的下擺，由拿破崙的姊妹和約瑟芬的好友黛絲瑞幫忙拉裙擺。原本一直很討厭約瑟芬的拿破崙姊妹打算使勁讓裙襬失去平衡，好讓約瑟芬在大典時出洋相。幸好黛絲瑞努力穩住裙襬，幫約瑟芬悄悄化解危機。

她照樣當她的社交花蝴蝶，和舊情人調情搞曖昧，甚至還有英俊的新情人出現。拿破崙的家人自然加油添醋，不斷寫信向拿破崙告狀，妒火攻心的拿破崙氣得寫信大罵約瑟芬惡劣下賤，甚至起意休了她。

但是拿破崙回到法國並沒有真的和約瑟芬離婚。一來熱情慷慨、頗有社交手腕的約瑟芬對他的政治生涯幫助很大，二來他的心深深受創，再也無法如此狂熱癡迷地愛任何女人，所以也沒有離婚的急迫性，加上他真心疼愛約瑟芬的兩個小孩，有小孩居中當和事佬，這對歡喜冤家依舊維持著夫妻關係。

1804年拿破崙稱帝，他親手幫約瑟芬戴上后冠，曾經淪為階下囚的約瑟芬，如今高高在上，成為民眾愛戴的法國皇后。她的際遇比瑪麗・安東妮要幸運多了。

說也奇怪，此後約瑟芬一改風花雪月的風流性格，她已經深深愛上拿破崙，甘願做他的忠實妻子與皇后。但拿破崙卻開始情婦一個接著一個換，而

拿破崙 1806年
安格爾
Jean Auguste Dominique Ingres
（1780~1867）
油彩・畫布 259 x 162cm
法國巴黎 軍事博物館

拿破崙是一名出色的軍事家，曾經佔領中西歐的廣大領土，讓法國晉升為歐洲強國，成為人民的新英雄。他兩度奪權稱帝，最後被放逐到聖赫倫納島。他的靈柩安放在巴黎傷兵院（現為軍事博物館）。

約瑟芬・博阿爾內 1806 年

里耶茲奈
Henri-François Riesener（1767~1828）
油彩・畫布　法國 馬梅松城堡

成為皇后的約瑟芬收斂了昔日的嫵媚輕佻。反倒是拿破崙開始左摟右抱，身邊總是圍繞著年輕貌美的女子。

約瑟芬 1808 年

傑哈 François Gérard
（1770~1837）
油彩・畫布 178 x 174cm
法國　楓丹白露宮

雖然約瑟芬沒有幫拿破崙生下一兒半女，但是前一段婚姻所生的子女日後開枝散葉，分別與歐洲各國王室聯姻，所以近代比利時、瑞典、丹麥、希臘、挪威、盧森堡、列支頓士登、摩納哥等國的王室成員，都算是約瑟芬的子孫呢！

且對約瑟芬的不孕愈來愈不滿。他可以容忍約瑟芬曾經不忠，但無法接受她無法替他生個王位繼承人。已經47歲的約瑟芬確定沒有生育能力了，於是她很有風度地放手，西元1810年1月，約瑟芬和拿破崙簽字離婚。她發表聲明：「既然生子無望，無法符合丈夫的政治需求與法國福祉，我願意卸下后冠，證明我對皇帝及法蘭西人民最真摯的愛。」3月拿破崙就娶了奧地利公主瑪麗露易絲。這當然又是一樁沒有感情的政治婚姻。拿破崙自己就說：「我只是娶了一個子宮而已。」新皇后果然幫他生了兩個兒子。但他們在一起只生活了四年，拿破崙一失勢，她就帶著兒子回奧地利了。

離婚之後約瑟芬搬到巴黎南部的馬梅松城堡居住。拿破崙堅持讓她保留皇后的頭銜，還不時去探望她。兩人相處就像老朋友一樣，拿破崙出征俄國時，還不忘去聽取約瑟芬的意見。約瑟芬在馬梅松城堡過得相當愜意，她喜歡養花蒔草，花園整理得

約瑟芬（局部）

法國 馬梅松城堡
攝影：Suzan Black

約瑟芬在馬梅松城堡的肖像畫。

非常漂亮。

西元1814年5月，約瑟芬帶著賓客參觀她引以為傲的花園，結果得了感冒，四天後併發肺炎去世，彌留之際嘴裡喃喃唸著拿破崙的名字。當時拿破崙已經被放逐到厄爾巴島了，他聽到約瑟芬的死訊大為震驚，整整兩天足不出戶，哀傷地寫下：「沒有一個女人贏得我如此深刻的愛。沒有女人能讓我如此癡狂、順服。只有死亡才能將我們分開。」

À
JOSÉPHINE
EUGÈNE ET HORTENSE
1825.

拿破崙於西元1821年死於聖赫倫納島。臨終前只說了：「法國、軍隊、統帥、約瑟芬。」看來他雖然結了兩次婚，也納過許多情婦，但真正讓他念茲在茲的始終只有約瑟芬一人而已。他們兩個一開始也許是誤打誤撞的結合，但是經過多年的風風雨雨，早就成為對方最重要的伴侶，許多人相信他們到最後是彼此相愛的。即使夫妻的名分不再，但他們磨合出一段相知、相惜的美麗愛情。

約瑟芬之墓（右）

法國 馬梅松聖彼德聖保羅教堂

約瑟芬死後葬於馬梅松的教堂，由於她死時已非拿破崙的妻子，因此是由她和前夫所生的子女立碑，紀念他們的母親。

拿破崙之墓（下）

法國 巴黎傷兵院軍事博物館
攝影：花筠翔

拿破崙於1821年死於聖赫倫納島，1840年法國政府才將他移回法國本土，並舉行國葬。他和約瑟芬在臨死之前，依然唸著對方的名字，可見不管有沒有那一紙婚約，他們早已視彼此為一生的最愛。

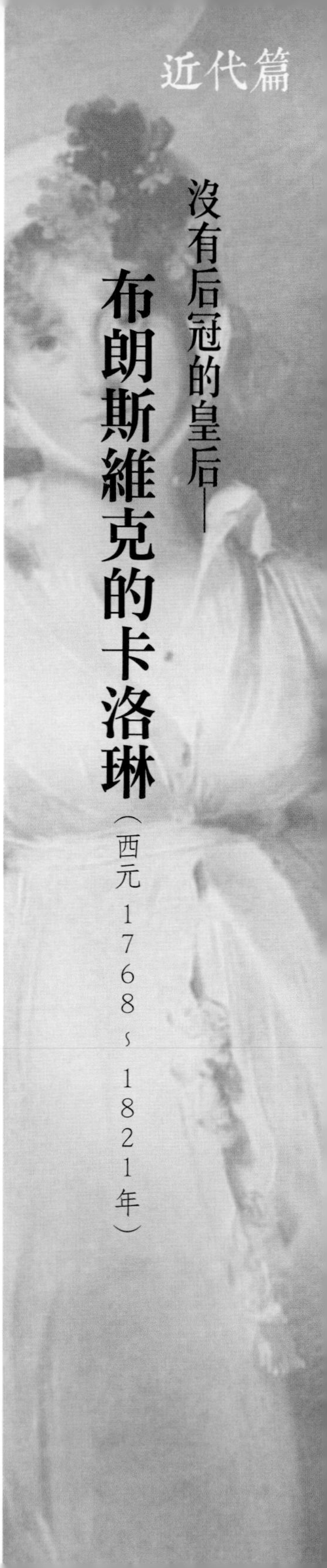

沒有后冠的皇后——布朗斯維克的卡洛琳（西元1768～1821年）

不是每位公主都長得嬌美可愛、氣質高雅。當長相平庸的卡洛琳嫁入英國王室，真是被喬治王子嫌得一無是處，無時無刻想擺脫她。卡洛琳委屈求全了二十多年，眼見登上皇后寶座的日子屈指可數，卻突然死得不明不白，連后冠都無緣戴上，她的遭遇實在令人同情。

卡洛琳生於日耳曼（今德國），父親是統治布朗斯維克的卡爾公爵，母親是英王喬治三世的姊姊。她母親規定日爾曼的郡主都要學英文，以便將來有機會和弟弟的長子喬治結婚，成為下一任的英國皇后。結果最後選中的是二十六歲的卡洛琳。她雖然聽得懂英文和法文，但是連她爸爸都承認卡洛琳缺乏教育。她的個性大而化之，說話心直口快，長相已經很平凡了，又不懂得打扮自己，衣服穿髒了都懶得換（自然也懶得洗澡）。這種粗魯的個性比較適合當村姑、賣魚婦，想到她即將成為威爾斯王妃，真是讓人替她捏把冷汗。

但威爾斯王子也不是沒有缺點的。他吃喝嫖賭樣樣來，情婦一個換過一個，種種花費讓他債築高臺，唯有答應這門親事，趕快生個王位接班人，喬治三世才會提高他的生活津貼，他的奢華生活才能持續下去。於是兩人在1794年訂婚，隔年卡洛琳就前往英國

卡洛琳 1820 年

朗斯代爾 James Lonsdale（1777~1839）
油彩・畫布
英國倫敦 國家肖像博物館

卡洛琳沒有出眾的外貌，卻是英國人民心目中親切樸實的好皇后。

喬治四世加冕像 1821年

勞倫斯爵士 Thomas Lawrence

1769-1830年

油彩・畫布 290 x 200cm

英國倫敦 王室收藏

王公貴族的肖像畫往往經過美化，和本人有落差是很正常的。

這是報紙的諷刺漫畫，圖中那個吃到衣服都撐開的矮胖子，或許是漫畫的誇張手法，但似乎比較符合卡洛琳見到未來丈夫的第一印象。

準備完婚了。

這對表兄妹以前不曾見過面，結果兩人第一次見面就互相嫌棄對方。卡洛琳才上前要行禮，喬治連忙請人送上最烈的白蘭地壓壓驚。卡洛琳也偷偷抱怨王子又胖又醜，完全不像畫像中的美男子。兩人在１７９５年4月8日結婚，新郎全程醉醺醺的，大概是如果不灌醉自己，他可能半途就逃婚了。

根據喬治寫給朋友的信件，他和卡洛琳一共只發生過三次性行為，前二次都在新婚之夜，第三次則是隔天晚上，之後他就發誓這輩子再也不碰她了。他覺得卡洛琳既粗俗又不衛生，實在是可憎到了極點。不過說來神奇，卡洛琳竟然就這樣順利懷孕了，九個月後她生下女兒夏洛特，喬治有了正統的繼承人，肩上的壓力減輕了一大半，但是他並沒有因此感激卡洛琳。女兒出生三天後，喬治王子更改了遺囑，表示原本要把全部家產留給他的「妻子」瑪麗亞，但現在特地留了一先令給卡洛琳王妃。

瑪麗亞是倫敦知名的交際花，也是結過兩次婚的寡婦，但是喬治王子非常迷戀她，由於瑪麗亞是虔誠的天

卡洛琳皇后受審 1820 年

海特爵士
Sir George Hayter（1792~1871）
油彩．畫布
英國倫敦 國家肖像博物館

卡洛琳堅決否認犯了通姦罪。她甚至私下嘟囔，真要犯了通姦罪，對象也是威爾斯王子喬治。因為喬治在娶她之前，早就和瑪麗亞祕密結婚了。

主教徒，為了能和她上床，他於１７８５年在瑪麗亞家和她祕密結婚，在場見證的有瑪麗亞的叔叔和哥哥。雖然天主教士認為這段婚姻是成立的，但皇室堅決否認，表示這樁婚姻違反英國法律，所以不能算數（法律規定威爾斯王子的婚事必須經由國王和樞密院的事先核可）。不管算不算數，喬治王子留下這樣的遺囑，把卡洛琳從「一文不值」提升到「一先令」的地位，根本就是在羞辱人。

說也奇怪，被喬治王子嫌棄厭惡的卡洛琳，卻受到英國人民的喜愛。英國民眾覺得卡洛琳樸實親切，完全沒有皇室的架子。反觀喬治王子卻因為生活浮華放蕩，讓戰後生活困苦的英國人民大為反感。報章媒體常常寫文章修理喬治王子，對卡洛琳卻給予肯定，這更讓喬治恨得牙癢癢的。他決定正式和卡洛琳辦理分居，西元１７９７年，卡洛琳搬出皇宮獨自居住，最後在倫敦近郊的蒙太居莊園落腳，這裡離女兒夏洛特住的夏宮很近，卡洛琳可以時常去探望她。或許一個女兒無法滿足她的母性，或許生活真的太空虛寂寞，她收養了八、九個窮人家的小孩。

住在宮外的卡洛琳至少比較自由了。少了宮廷的繁文縟節，去哪裡也不用得到喬治的允許，她開始結交情人，不拘小節的卡洛琳當然更不在乎流言蜚語。她經常公然和男士打情罵俏，１８０２年她收養一名三個月大的男嬰，不知是惡意中傷或真有其事，開始有謠言傳出那是卡洛琳和情人的私生子。

喬治王子逮到機會，馬上成立祕密調查委員會，邀集英國首相和內政大臣等德高望重人士，審查這項指控是否屬實。結果僕人出庭作證表示王妃不曾懷孕，男嬰是由親生母親抱來府邸的，該名婦人也出庭證實男嬰是她親生的。最後審查會以「查無實證」不了了之，但喬治從此禁止卡洛琳再和女兒見面。媒體大肆渲染，英國民眾相當同情太子妃的遭遇，就連當時知名的作家珍．奧斯汀都公開寫信支持她。她在信中表示：「真是可憐的女人，我會盡可能地支持她。因為她是弱女子，因為我討厭她的丈夫。」

沒錯，喬治王子就是這麼不得人心。但１８１１

年他的父親喬治三世因戰敗而精神失常，從此他大權在握，成為英國的攝政王，卡洛琳完全被孤立，最後她接受外交大臣的安排，同意離開英國，換取每年三萬五千英鎊的津貼。

卡洛琳經由瑞士前往義大利，在米蘭雇用了僕人佩格米。佩格米很快就得到卡洛琳的信任，晉升為她的總管和貼身侍從。謠傳他們之間有曖昧情事，兩人毫不避嫌，一起到世界各地旅行，甚至同桌吃飯，根本沒有主僕之分。有奸細賄賂卡洛琳的僕人，溜進她的臥室想找到王妃通姦的實證，但什麼也沒找到。

西元１８１７年，卡洛琳的女兒夏洛特死於難產。這下子她完全失去影響力，因為她再也不是未來英國女王的母親了，她只是王子急於擺脫的糟糠之妻而已。喬治王子開始積極辦理離婚，希望能趕在父親去世之前辦妥，到時候他才可以選個新皇后登基。他找人和卡洛琳交涉，提出豐厚的贍養費要卡洛琳放棄這段婚姻。在那個年代並不能因為「雙方同意」而訴請離婚（只能訴請分居）。如果要正式離婚，必須是夫妻其中一方犯了通姦罪，另一方才能訴請離婚。這一點卡洛琳無論如何都不接受。喬治可以不要她，但不能給她這種汙名。雙方就這樣僵持不下。西元１８２０年喬治三世駕崩了，如此一來，喬治王子變成了英王喬治四世，卡洛琳自然也成了英國皇后。喬治四世提議把每年津貼提高到五萬英鎊，條件是卡洛琳不得回英國，但是她拒絕了。

卡洛琳於六月返抵英國，打算取得她的后冠，喬治四世哪裡能忍受這種事？他決定以強硬的手段控告卡洛琳犯了通姦罪，但是喬治四世自己不知犯過多少次通姦罪，如何拿這種理由大張旗鼓地要休掉皇后？果然媒體和民情一面倒，喬治四世受到嚴厲的抨擊，卡洛琳得到熱烈的支持，甚至有政治野心分子打著卡洛琳的名號，打算推翻政府，政治氣氛相當詭異。

加冕典禮在隔年7月21日舉行。大臣奉命勸說卡洛琳不要前往參加，但卡洛琳執意要去。喬治四世命

卡洛琳 1820 年

朗斯代爾 James Lonsdale
（1777~1839）
油彩・畫布
英國倫敦 市政廳藝廊

卡洛琳得不到丈夫喜愛，又被迫和女兒分離，她只能從英國民眾身上得到溫暖。或許這就是她執意要戴上后冠的原因。

人看守西敏寺的各大入口，硬是不讓皇后進門。這大概是英國史上最戲劇性的加冕典禮了。不得人心的國王獨自在會場登上王座，廣受民眾愛戴的皇后卻氣呼呼地站在門口，衛兵手中的刺刀幾乎都快抵到她的下巴了。照理來說卡洛琳絕不會善罷干休，後頭肯定還有吵鬧不完的戲碼。但說來離奇，當晚卡洛琳突然嚴重腹痛，不到一個月就病死了。雖然沒有證據，但多數人把矛頭指向喬治四世，認為是他毒殺了皇后。

卡洛琳臨終要求葬在故鄉布朗斯維克，她最後大概死心了，既然生前爭不贏，連加冕典禮也進不去，死後沒人幫她力爭，更不可能進入英國的王室墓園吧！英國當局為了怕送喪隊伍會引發暴動，原本計劃繞道走郊區，不進入倫敦市中心。但憤怒的民眾堵住原本預計的路線，硬是讓送葬隊伍非穿過倫敦市區不可。大家都想送這位可憐的皇后一程。

卡洛琳的棺木在8月24日抵達布朗維斯克。她的墓誌銘很簡單，只寫著：「布朗維斯克的卡洛琳，受委屈的英國皇后。」短短一句話道盡她的一生。

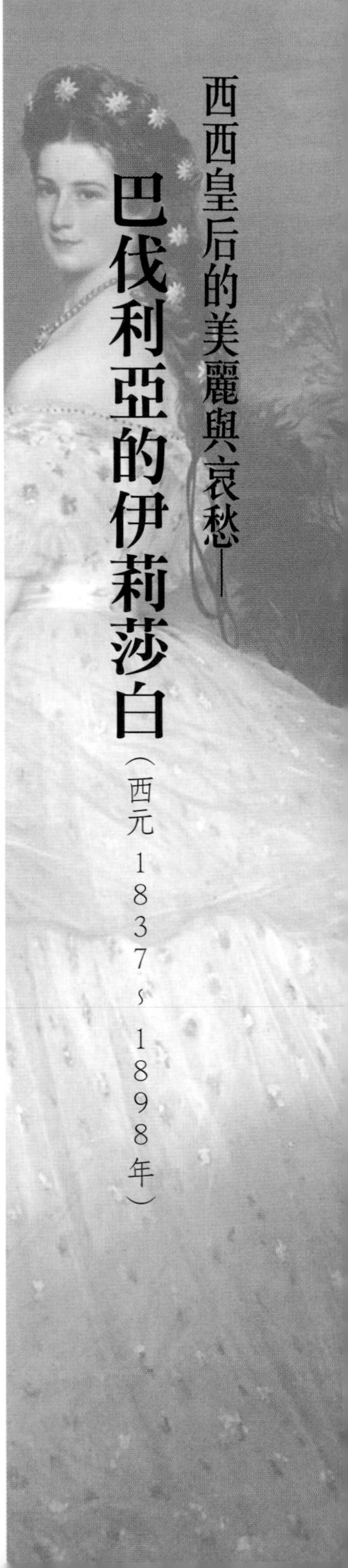

西西皇后的美麗與哀愁——巴伐利亞的伊莉莎白

（西元1837～1898年）

伊莉莎白 1855年

博格斯特 Amanda Bergsted
（1841~1918）
油彩・畫布　奧利利維也納 西西博物館

畫中的西西自己都還像個小女孩，卻已經在該年生下長女蘇菲。

如果到奧地利旅行，會看到不少關於西西皇后的紀念品。她是十九世紀歐洲最美麗的女人，就像二十世紀的英國王妃黛安娜一樣，西西皇后也是媒體追逐的焦點，她的穿衣打扮都是當時流行時尚的指標。不過她也因為不適應宮廷生活和媒體關注，壓力過大而鬱鬱寡歡。

西西的本名是伊莉莎白，但家人和好友都喜歡以小名「西西」稱呼她。她是巴伐利亞公爵的第四個孩子。由於西西的爸爸對宮廷政務興趣缺缺，只喜歡遊山玩水，這種生活態度連帶影響了幾個孩子。

伊莉莎白皇后 1864 年

文特霍特 Franz Xaver Winterhalter 1805~1873 年
油彩・畫布
奧利利維也納 霍夫堡皇宮

西西擁有一頭過腰的長髮。每天光是整理頭髮就要花上三小時，她也因為過重的髮辮和頭飾經常鬧頭痛。

西西在不受拘束的環境中長大，她經常蹺課去騎馬，徜徉在風光明媚的大自然中。

西元１８５３年，奧地利的蘇菲太后想幫二十三歲的兒子約瑟夫一世挑個適合的皇后人選。她覺得與其娶個陌生人當媳婦，倒不如找自家外甥女比較親近。她看上姊姊的十九歲長女海倫，於是邀請她們到奧地利作客，打算讓兒子正式向海倫求婚。海倫的媽媽帶著她依約前往，小女兒伊莉莎白也陪著一起去，結果約瑟夫一世卻對當時才十五歲的西西一見鍾情。他推翻母親的安排，直說如果不娶伊莉莎白，那他就不要結婚了。於是五天之後約瑟夫正式和西西訂婚，八個月後西西就嫁到奧地利當皇后了。

雖然約瑟夫很愛西西，馬上就帶著她領略夫妻的閨房情趣，孩子也一個接一個生，但西西完全不適應哈布斯王朝一板一眼的生活。原本詩情畫意、熱愛大自然的天真女孩，突然成為奧地利哈布斯王朝的高貴皇后，諸多責任已經讓她喘不過氣，加上婆婆蘇菲又強勢，把管教兒子那套也搬出來管媳婦，對西西的一舉一動都有意見。這讓生性浪漫、感性、愛作夢的西西感到悶悶不樂。

結婚十個月後西西生下一個女兒，婆婆作主把孩子也命名為蘇菲，完全不諮詢西西的意見。事實上她一手包辦小孫女的養育工作，根本不讓西西餵奶或照顧，隔年西西又生下一個女兒，情況還是一樣。皇太后蘇菲又把孩子抱走，在她眼中西西是個愚蠢的年輕母親，她連自己都照顧不好，怎麼照顧皇家的子孫呢？婆媳關係的緊繃，也造成約瑟夫和西西之間的關係逐漸生變。

長期處於壓力下的西西，生活又接連遭遇打擊。先是丈夫約瑟夫把梅毒傳染給她，讓她飽受身心折磨。接著兩個女兒在旅行途中得了痢疾，二歲的長女蘇菲就此病故。這讓西西陷入重度憂

約瑟夫一世 1865年

文特霍特

Franz Xaver Winterhalter

（1805~1873）

油彩．畫布

奧利利維也納 霍夫堡皇宮

約瑟夫一世理性、務實，缺少想像力，凡事聽母親意見，西西卻是浪漫、詩情畫意、熱愛自由。兩人的個性並不契合。

鬱，甚至出現自殺傾向。雖然隨後她又生下長子魯道夫，盡了皇后最大的責任，但是她的傷痛和壓力並沒有因此減輕。

或許因為一連生了三個小孩，或許因為法奧戰爭的慘敗，約瑟夫一世對西西的熱情稍微減退，加上她還是鬥不贏婆婆，蘇菲太后依然把皇太子搶過去，不讓西西插手孩子的養育。西西再也不想當皇家的生產機器，她開始把全部精力放在養顏美容上，以幾近病態的方式維持她的美麗。她拼命運動、騎馬、節食，還穿上束衣馬甲調整體態，最誇張的時期她的腰身只有十六吋。這讓皇太后震怒不已，她希望西西繼續懷孕生小孩，而不是每天花一小時在勒緊腰身。西西還有一頭飛瀑般的長髮，每天光是梳理保養就要花上三小時，她有專屬的梳頭師，每週要定期以蛋白和白蘭地替皇后保養頭髮。西西不准梳頭師戴戒指，幫她梳頭時必須戴白手套，萬一有髮絲掉落，還要一一放在銀缽讓西西檢視。不過西西很少使用化妝品和香水，她要讓大家看到她的天生麗質。為了保持皮膚的嬌嫩彈性，她每天早上洗冷水澡，晚上則泡橄欖油浴。唯一美中不足的就是她的牙齒不夠整齊，所以西西出席公共場合不時拿扇子遮住半張臉。報章雜誌經常討論西西的服裝、瘦身、馬術、美顏等話題，不過西西

伊莉莎白皇后 1865年
文特霍特
Franz Xaver Winterhalter
1805~1873年
油彩．畫布
奧利利維也納 霍夫堡皇宮

西西穿著一襲輕紗禮服，頭上別著鑽石髮夾，回眸一笑的身影成為永恆的美麗圖騰。

過了三十二歲就不准別人替她畫像或拍照了，她要世人永遠記得那個青春美麗的西西皇后。

始終無法適應宮廷規矩的西西，就這樣以自己的方式任性生活。西西不時想逃開皇宮，每當覺得生活讓她喘不過氣，她就跳上馬背，盡情奔馳數個小時，藉此發洩鬱抑的心情。雖然約瑟夫很希望西西再替他生幾個孩子，不過醫生卻表示皇后不適合再度懷孕。西西有貧血、咳嗽的問題，加上吃得少、失眠、憂鬱纏身、神經衰弱，身體和精神自然都不好。醫生建議西西到馬德拉群島養病，西西正好有藉口脫離皇室生活。說也奇怪，西西的病

伊莉莎白皇后

攝於 1867 年的奧匈帝國加冕大典

十九世紀發明的攝影技術，讓我們得以看到西西的真實影像，她確實是天生麗質，不必靠畫像美化。

在離開維也納後就好了大半。她在馬德拉住了半年，但是一回到維也納不過才短短四天，她又開始劇烈咳嗽、發燒，吃不下也睡不著。醫生再度建議皇后到空氣清新的地方養病，這次西西去了科孚島，果然一去病情就大為改善。看來西西的病有一半是生理因素，但另一半恐怕也是心理因素作祟。或許出於把性病傳染給妻子的愧疚，約瑟夫一世對西西的要求一向百依百順，從此西西幾乎都在外國雲遊，盡量遠離讓她頭痛的維也納，夫妻形同分居。兩人各自發展感情生活，西西和巴伐利亞的表哥路德維西二世是青梅竹馬的好朋友，兩人志趣相投，路德維西經常陪她騎馬、聽音樂、討論詩詞，他們將彼此比喻為「老鷹」和「海鷗」，好交情持續一輩子。匈牙利的安德拉西伯爵也是西西相知相惜的知己，曾為了他，一向不熱衷政治的西西還

伊莉莎白皇后生前服裝

奧地利維也納 西西博物館

西西皇后深受世人喜愛，西西博物館在 1994 年開幕，展出西西生前的個人用品、畫像等等。

出面調停，促成奧地利與匈牙利的結盟。

西元１８６７年，西西為了促成奧匈帝國的建立，同意回到約瑟夫身邊，隔年西西在匈牙利生下一位小公主，此時西西已不再是十年前那個初為人母的年輕女孩了，這次她堅決自己撫養孩子，小公主瑪麗成了她的掌上明珠，她的母性暫時得到滿足。蘇菲太后在１８７２年去世，照理從此沒有人擋在她和孩子之間，不過西西並沒有在孩子身邊停留太久。幾年後她又開始四處旅行。和子女見面的時間相當有限。

１８８９年西西的獨子魯道夫偕同情人殉情自殺，西西再度遭受嚴重打擊，她從此只穿黑衣，也不再計較頭上冒出幾根灰髮了。不過她還是喜歡旅遊，那是她療傷止痛的藥方。晚年她和約瑟夫一世幾乎只靠書信聯絡，維持柏拉圖式的友好關係。西西甘願做個出走的皇后，她不帶侍衛隨從，只希望享受自由不拘的生活。諷刺的是在外人眼中，她始終還是皇室成員，西元１８９８年，一名年輕的反政府主義者持著磨利的尖刀，從路旁竄到西西面前，將刀子刺入她的心臟。一心想拋開皇室身分，希望像平民一樣自由走在街頭的西西，就這樣死在自由平民的刀下。約瑟夫一世知道西西的死訊大為傷感，據說他曾經感嘆：「她永遠不會知道我是多麼愛她。」

處在上個世紀末的風華年代，西西有幸挑戰傳統，呼吸到新時代的自由空氣，但沉重的舊時代包袱還是無法拋得一乾二淨，這樣的衝擊造就了西西的美麗與哀愁，也留給世人無限的緬懷與追憶。

不愛江山愛美人——華莉絲・辛普森

（西元１８９６～１９８６年）

嚴格來說，華莉絲從來沒有當上皇后，但是她和國王的一段情差點動搖了英國體制，最後愛德華八世為了她情願放棄皇位。這段故事也成為「不愛江山愛美人」的佳話。

華莉絲是美國人，父親是巴爾的摩的麵粉商人，曾競選過當地市長，不過他在華莉絲誕生的同年就因肺結核病逝了。幸好華莉絲的伯父很有錢又終生未婚，所以相當照顧華莉絲母女，送她上最昂貴的女子私校，在那裡結識了不少政商名流的子女。她天資聰明，在校成績名列前茅，穿著打扮也一向講究，可以說在學生時代就很有型了。

西元１９１６年４月，二十歲的華莉絲認識了她的第一任丈夫史賓瑟。他是一位海軍飛行員，華莉絲也因為在這段期間目睹了幾次飛機失事，造成她一生對搭乘飛機都有恐懼症。二人認識才七個月就結婚了。婚後華莉絲隨著丈夫職務調動，還曾經旅居香港和中國，她相當風趣健談，自然成了派對宴會的焦點。不過她只學會一句中文，那就是：「侍者，給我一

華莉絲 約 1925 年

華莉絲或許不算絕世美女，但是她的幽默機智和直爽個性，讓許多男士深深著迷。

華莉絲 約1936年

愛德華王子和華莉絲原先都是風流人物，兩人相識之後卻相知相惜，認定彼此為一生的伴侶。

杯香檳。」

華莉絲在北京期間邂逅了英俊的義大利外交官，兩人發展了一段戀情，華莉絲還因為懷孕祕密墮胎。但由於墮胎技術欠佳留下後遺症，導致華莉絲就此不孕。她和丈夫在１９２５年回到美國，兩人隨即分居，並在１９２７年12月正式離婚。不過華莉絲的感情生活依舊精采，隔年7月她又嫁給第二任丈夫辛普森。

辛普森是英裔美國人，任職於船運業。他對華莉絲一見傾心，為了娶她還和原配妻子離婚。兩人結婚後暫居倫敦，華莉絲開始出入倫敦社交圈，因而認識了愛德華王子。愛德華是英王喬治五世的長子，也是未來的王位繼承人。他的愛情生活同樣精采，即使弟弟亨利王子都已經結婚生子，他還在遊戲人間，讓喬治五世相當頭痛。

愛德華王子在幾次宴會中見識到華莉絲的風采，漸漸受到吸引而情不自禁。當時華莉絲的先生

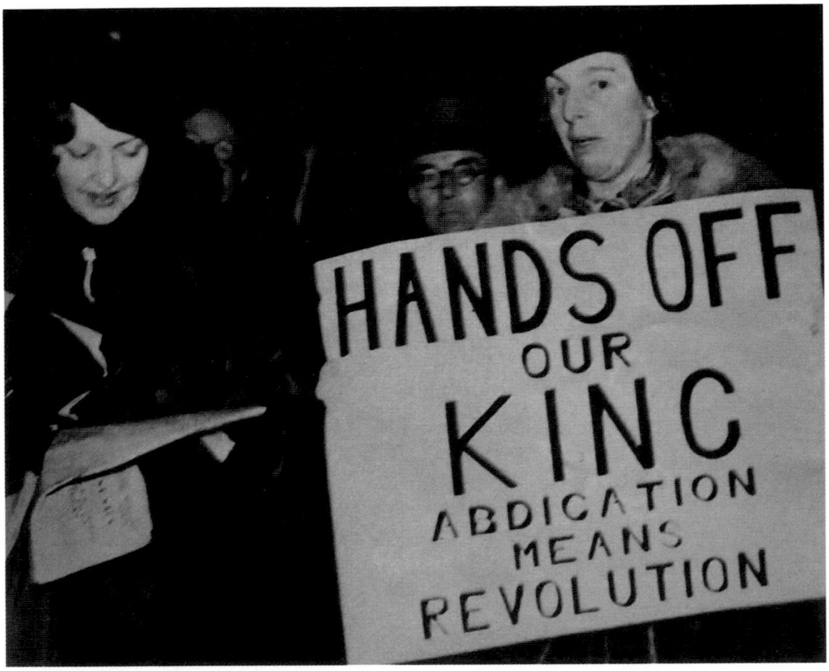

放開我們的國王！ 1936 年

1936 年的憲政危機，許多婦女手持標語走向街頭抗議，要華莉絲放手，不要再纏著他們的國王。

正因為財務問題忙得焦頭爛額，據說她在1934年就成了王子的情婦。但愛德華王子面對父親喬治五世的質問，堅決否認此事。不過愛德華王子不時送禮物、珠寶給華莉絲，隔年還和她同遊歐洲，甚至邀請她參加白金漢宮舞會，把國王夫婦氣得半死（根據英國傳統，離過婚的婦人是不能參加皇家舞會的）。傳言甚囂塵上，英國王儲和離過婚的有夫之婦談戀愛，這實在太不像話了，倫敦警察廳奉命展開祕密調查，想知道他們的交往究竟有多認真。畢竟華莉絲的情史實在太輝煌，愛德華王子又對她百依百順，也難怪英國當局憂心忡忡了。

英王喬治五世在西元1936年1月20日去世，隔天皇室發佈公告，由

溫莎公爵夫婦結婚照 1937 年

這張照片是溫莎公爵夫婦的結婚照，兩人於 1937 年 7 月在法國的康代城堡完婚。

愛德華王子繼承王位，成為愛德華八世。不過愛德華王子竟然破天荒挽著華莉絲，從房間窗口聆聽自己繼承王位的公告。這完全違反了皇室傳統，此舉震驚了英國政壇，新國王的舉動擺明了他早就視華莉絲為另一半，但華莉絲當時還是辛普森太太呢！雖然那時候的英國媒體相當敬重皇室，並沒有報導這件情事，但外國媒體早就大肆渲染這麼聳動的新聞了。

華莉絲和第二任丈夫辛普森開始辦理離婚，愛德華八世也徵詢英國首相的意見，希望英國內閣能同意他和華莉絲結婚。不過英國內閣覺得華莉絲離過兩次婚，而且兩任前夫都還好端端活著，這樣不但違反英國國教的教義，英國人民恐怕也不接受這樣的皇后。首相和愛德華八世的家人紛紛勸他打消念頭，但愛德華八世不為所動，他執意要娶華莉絲為妻。

紙包不住火，國王為了娶一個離過兩次婚的美國女人，不惜和內閣反目的消息終於傳遍英國上下。華莉絲成了「全民公敵」，英國民眾認為她為了愛德華八世的財富和地位，才會緊緊巴著國王不放。在王室、內閣和輿論的層層壓力下，愛德華和華莉絲的戀愛肯定談得很辛苦。但兩人並沒有因此退縮，他們打定主意要廝守一生。

英國首相給愛德華八世三個選擇，第一是放棄迎娶華莉絲，以保全他的王位。第二是不顧內閣反對和華莉絲結婚，那麼首相就只好率領全體閣員總辭。第三就是要愛德華八世退位，只要他不是國王，就可以自由選擇另一半了。愛德華八世不願放棄華莉絲，但是他也不能違背內閣決定，這樣會引發英國的憲政危機，所以退位就成了他的唯一選擇。

1936年12月10日愛德華八世簽署了退位文件，改由他的弟弟登基成為喬治六世。隔天他發表演說，告訴英國人民他的退位決定。他表示：「少了我最深愛的女子的陪伴與支持，要我履行國王的沉重責任，實在是不可能的任務。」雖這段戀情一直不被外界看好，但這樣的深情很難不教人感動。

隔年喬治六世賜給哥哥溫莎公爵的頭銜，愛德華和華莉絲在法國低調結婚，英國皇室的成員通通缺席這場婚禮。英國人民對華莉絲的敵意，讓她對英國也沒什麼好感，婚後這對夫婦大多住在法國，直到二次大戰爆發，才先後避居南歐和巴哈馬等地。雖然淡出英國政壇，但溫莎公爵夫婦依然活躍於歐洲的社交圈，兩人經常在住所舉辦派對，公爵夫人的品味非凡，她的服裝和珠寶都走在流行尖端，堪稱三〇年代的時尚代言人。或許當時絕大多數的人都不看好這段婚姻，但溫莎公爵夫婦竟是鶼鰈情深，牽手走過三十五個年頭，真是跌破世人的眼鏡。不管外頭的風風雨雨和蜚短流長，兩人都知道自己找到了一生的真愛。他們以實際行動來證明彼此的堅貞不移。

溫莎公爵在1972年死於癌症，公爵夫人返回英國參加丈夫的喪禮。這次她得以入住白金漢宮，經過數十年的歲月，曾經惡名昭彰，不被英國皇室接受的華莉絲，總算獲得皇室的友善回應。溫莎公爵夫人於1986年病逝於巴黎寓所，喪禮在英國溫莎古堡的聖喬治教堂舉行。伊莉莎白女王、菲立普親王、查爾斯王子和黛安娜王妃都出席了她的喪禮。一段曾經不受祝福的愛情，如今成了「不愛江山愛美人」的佳話，感動了無數世人的心。

溫莎公爵夫人 1937 年

這是公爵夫人替 Vogue 雜誌拍攝的沙龍照，禮服款式是由當時義大利知名的設計師西雅帕蕾莉設計的，上面的龍蝦圖畫更是出自名畫家達利之手。

溫莎公爵夫人 1937 年

華莉絲的服裝和珠寶都是請專人設計的。照片中的長禮服和小外套也是西雅帕蕾莉的作品。

凱莉包的傳奇代言人——葛莉絲・凱莉（西元１９２９～１９８２年）

年輕的一代可能只認得愛馬仕的凱莉包，對摩納哥王妃葛莉絲・凱莉沒有太多印象。但是四十五歲以上的中生代，多少都看過或聽說過葛莉絲・凱莉的電影，知道她從電影明星嫁入摩納哥王室的故事。

葛莉絲・凱莉出生於美國費城。母親年輕時當過時裝模特兒，隨後還成為賓州大學體育系第一位女性系主任。父親早年是划船好手，曾經替美國拿下三面奧運金牌。之後從事磚窯業，又賺進大筆財富。有這樣傑出的父母和家世，可想而知，葛莉絲・凱莉從小就受到最好的教育。爸媽送她去昂貴的天主教私立學校，一心將她栽培成名門閨秀，只可惜葛莉絲・凱莉的數學很糟，沒有錄取當時的本寧頓女子大學，倒是學生時代在學校表演話劇，讓她演出了興趣，她決心去唸紐約的演藝學院，那是美國歷史最悠久的戲劇學校，許多好萊塢巨星都曾在這裡唸過書，從老牌影帝寇克・道格拉斯，到《慾望城市》的金・凱特蘿、《麻雀變公主》的安・海瑟薇都是這所學院的校友。

不過這個決定卻讓她的爸媽很沮喪。她的父親認為演員只比街頭娼妓好一點點而已，氣得不想資助女兒去紐約學戲劇。不過凱莉一邊唸書學表演，一邊當模特兒賺學費，倒是很順利地完成學業。畢業後，葛莉絲・凱莉開始接演舞台劇和電視劇，１９５１年

葛莉絲・凱莉 1956 年

圖為葛莉絲・凱莉當年主演《上流社會》的劇照。她的高雅氣質活脫脫就是出身上流社會的名媛淑女。

葛莉絲·凱莉 1955年

圖為葛莉絲·凱莉當年主演《捉賊記》的劇照。片中男主角卡萊葛倫也和她成為一輩子的好朋友。

正式踏入電影圈，拍了第一部作品《十四個小時》，隔年就以《日正當中》紅透半邊天，奠定了巨星的地位。1954年更以《鄉下姑娘》勇奪奧斯卡金像獎最佳女主角。由她主演的希區考克電影《後窗》、《電話謀殺案》、《捉賊記》也是部部經典。

西元1955年4月，葛莉絲·凱莉到法國參加坎城影展，認識了摩納哥的雷尼爾親王。摩納哥位於法國南部，是全世界第二小的國家（僅次於梵蒂岡）。它的國土除了南面臨海，其它三面都被法國包圍。事實上根據1918年法國與摩納哥簽訂的協議，將來如果摩納哥王位沒有繼承人，就要自動併入法國。可想而知當年三十二歲的雷尼爾親王多麼急著物色新娘人選。氣質高貴優雅的葛莉絲·凱莉讓他眼前一亮，於是他展開熱烈追求。巧合的是葛莉絲·凱莉回國後接拍了新電影《天鵝》，她在片中飾演的角色剛好就是歐洲小國的王妃。於是她和雷尼爾親王保持通信，藉此更了解皇家生活，

葛莉絲・凱莉的婚紗出自海倫・羅斯之手。她是米高梅電影公司的服裝設計師，由於她當時和米高梅還有合約，米高梅請旗下的設計師製作了這套禮服當作凱莉的結婚禮物，同時米高梅也取得婚禮的錄影和獨家播放權。

兩人的友誼也與日俱增。12月雷尼爾親王就追到美國來了，官方說法自然是到美國親善訪問，但雷尼爾親王顯然另有目的。因為在他見過葛莉絲・凱莉，拜訪過她的家人之後，就向她求婚了。葛莉絲・凱莉答應嫁給他，婚禮安排在1956年4月，剛好是兩人認識一週年。葛莉絲・凱莉也正式息影退出好萊塢。

面積還沒有台北市大的摩納哥，在當時的名氣並不高，許多人都是因為好萊塢明星要嫁到那邊當王妃，才開始翻地圖看看摩納哥在哪裡。就連葛莉絲・凱莉的父親一開始都懷疑女兒是不是遇上歐洲騙子了。不過等他確定真有其事，倒是很慷慨地準備了美金兩百萬當嫁妝，讓女兒風風光光嫁入摩納哥。這可是歐洲皇室與美國名媛的婚禮，並不是小明星想攀龍附鳳的故事呢！事實上摩納哥還因為葛莉絲・凱莉而名氣大增。兩人的婚禮是當時的「世紀

葛莉絲·凱莉 1956 年

圖為葛莉絲·凱莉和雷尼爾親王在結婚當天沿路向民眾揮手致意的照片。

蒙地卡羅港口

1956 年 4 月 12 日

照片是葛莉絲·凱莉搭乘「憲章號」抵達摩納哥的情景，她帶了親友團及八十多件行李，還有幾位嚴格篩選過的採訪記者，浩浩蕩蕩抵達摩納哥。從照片中可以看到港口擠滿了人，要在第一時間歡迎這位準王妃。

婚禮」，許多好萊塢明星也受邀前往觀禮。美國米高梅電影公司全程紀錄拍攝，透過電視轉播大約有三千萬人收看了這場婚禮。當時並非家家戶戶都有電視，可想而知這場婚禮有多麼轟動了。婚後兩人登上雷尼爾親王的遊艇，進行為期七個星期的蜜月旅行。九個月後他們的大女兒卡洛琳誕生了，再隔一年亞伯特王子誕生，他們總共生了三個小孩。小女兒史蒂芬妮在１９６５年誕生。葛莉斯·凱莉堅持讓孩子受正常教育，甚至送他們回美國參加夏令營。王妃在懷孕期間為了掩飾隆起的小腹，經常拿著一款愛馬仕皮包遮住腹部，沒想到因為這樣的曝光，反倒替愛馬仕打響這款皮包的知名度，一時名媛貴婦爭相選購，葛莉絲·凱莉成了當時的流行指標。愛馬仕公司徵得王妃授權同意，正式將此款皮包命名為「凱莉包」。

成為王妃的葛莉絲·凱莉雖然退出演藝圈，但她善用自己的名氣開始參與慈善工作。她成立基金會贊助當地的藝術家，也是首位加入母乳推廣協會的王室名流，並每年替孤兒舉辦溫馨的聖誕晚會，優雅親切的葛莉絲·凱莉受到摩納哥人民的愛戴。雷尼爾三世也是一位擅長建設、治國有方的好國王。在這對恩愛夫妻的努力下，摩納哥成為一個風光美麗，以博彩、觀光旅遊和銀行服務為主的富裕國家。１９８２年4月雷尼爾親王和葛莉絲·凱莉王妃曾經應邀來台，在台灣也掀起一陣旋風。

或許曾經是好萊塢明星，早已習慣成為鎂光燈的焦點，葛莉絲·凱莉並沒有像西西皇后或後來的黛安娜王妃那樣，因為嫁入王室備受矚目而產生極度不適應的問題。唯一讓她頭痛的就是兩個女兒宛如脫韁野馬，她們完全就是二十世紀崇尚自由開放的年輕人，兩位公主早年私生活瘋狂不羈，自然成為八卦媒體最愛追逐報導的對象。１９８２年9月13日，葛莉絲·凱莉與女兒史蒂芬妮公主駕車出遊卻不幸發生車禍，史蒂芬妮公主幸無大礙，但葛莉絲·凱莉卻因為搶救

葛莉絲·凱莉與雷尼爾親王鶼鰈情深。兩人曾經應航運公司之邀，於 1982 年拜訪台灣，參加新船下水的剪綵儀式，當時在台灣造成一股旋風。

葛莉絲．凱莉 1981年

葛莉絲．凱莉與美國第一夫人南茜．雷根的合照。兩人皆受邀到倫敦參加查爾斯王子和黛安娜王妃的婚禮。南茜早年也是好萊塢影星，兩人相見一定有很多話題可聊。

無效，於隔日不幸去世。這項消息震驚了全世界，也引發一些揣測議論。有人說葛莉絲．凱莉是因為痛心史蒂芬妮的放蕩生活，和女兒爭吵起來，才導致心臟病發作發生車禍。也有人說開車的其實是史蒂芬妮，為了保護當時尚未成年的公主，才有這樣的官方說法。

葛莉絲．凱莉的死讓雷尼爾親王極為哀痛，終生沒有再娶，在他的心目中大概再也沒有人比得上葛莉絲．凱莉了。值得欣慰的是兩位公主在母親去世後變得比較成熟懂事，不再事事讓人操心了。２００２年，葛莉絲．凱莉去世二十週年，王室出版了葛莉絲王妃傳記。雷尼爾親王還親自寫序，表示雖然王妃已經離開了二十年，但她依舊活在他的心中。她是最出色的妻子與母親，而他唯一的遺憾就是不能和王妃在一起生活得更久。葛莉絲．凱莉是摩納哥親王一生最深愛的女子，也是摩納哥人民最愛戴的王妃。雖然她的電影作品不多，但在世人心中她是永遠的巨星。以她為名的「凱莉包」到現在還是愛馬仕熱賣的經典款。這個名字早已成為近代最美麗的傳奇。

葛莉絲．凱莉雖然逝世多年，但是她美麗高雅的形象依然長存世人心中。

人民的王妃——黛安娜・史賓瑟（西元１９６１～１９９７年）

黛安娜・史賓瑟雖然出身貴族，但也只是個平凡的幼稚園老師。她的人生在答應查爾斯王子的求婚後徹底改變，她不但是英國王室最受歡迎的成員，更是家喻戶曉的世界名人。但也因為高知名度的壓力，黛安娜的王妃之路走得相當辛苦，最後更因此香消玉殞。

其實查爾斯王子曾經和黛安娜的姊姊莎拉交往，當時並沒有注意到這個小妹妹，一直到三十多歲屆臨適婚年齡了，才開始認真尋找新娘人選。１９８０年暑假，查爾斯和友人邀請黛安娜到郊區度假，觀看王子打馬球，期間查爾斯不斷找機會和黛安娜聊天，之後又邀她搭皇家遊艇出航，甚至邀她入宮拜訪家人。英國女王伊莉莎白二世及皇太后都很親切地接見她。１９８１年２月查爾斯王子就向黛安娜求婚了。

憧憬浪漫愛情的黛安娜喜出望外，風度翩翩的王子向自己求婚，這簡直就像現代版的灰姑娘童話。她羞怯地同意了，滿心以為王子那半年中頻頻的邀約，應該是很喜歡她，

Photo: Patrick Demarchelier

黛安娜王妃

照片攝影：Patrick Demarchelier

黛安娜王妃的笑容擄獲英國人民的心。

覺得她是王妃的不二人選，想和她共度幸福快樂的生活才對。只可惜她只猜對了一半。查爾斯確實覺得這個清純溫順的十九歲女孩很適合當王妃，但他早就有了心上人卡蜜拉，只是當時卡蜜拉已嫁作人婦。查爾斯追求黛安娜只是為了盡皇家義務罷了。

不過這是後話，在英國王室宣布兩人訂婚的消息之後，全國上下都很期待王子的婚禮。黛安娜選了由十二顆鑽石圍繞的藍寶石戒指當作婚戒。她的禮服華麗夢幻，光是禮服裙襬就拖了七公尺長。兩人在１９８１年７月29日結婚，有二千多名貴賓受邀到場觀禮，沿路有超過六十萬的英國民眾引頸守候，希望一睹黛安娜王妃的風采，全球有超過七億的人口觀賞了這場婚禮轉播。

黛安娜果真是一名稱職的王妃，她隔年就替王室生下威廉王子，兩年後又生了小王子哈利，盡了王妃的責任之一。喜愛小孩的黛安娜盡量親自照顧他們，幫忙挑衣服、選學校，安排戶外活動等等，只要行程允許，她甚至會自己送孩子去上學。不過生兒育女已不再是王妃唯一的責任，黛安娜王妃還要代表王室參加許多公益慈善活動，她非常認真投入，在那個視愛滋病為洪水猛獸的年代，黛安娜王妃竟然坐在愛滋病人的床邊，還伸手握住病人的手予以安慰。這種平易親切的形象和發自真心的關懷，讓黛妃受到人民的高度肯定，所到之處往往掀起一陣黛安娜旋風。她的一顰一笑，甚至她的髮型、服裝都是媒體捕捉、討論的焦點。

不過高知名度也給黛安娜王妃帶來種種困擾。她就像養在玻璃缸的金魚，一舉一動都逃不過媒體的眼睛，這樣的生活實在讓人喘不過氣。加上她的聲望如日中天，相形之下查爾斯王子的聲望跌到最低點，夫妻兩人的關係降至冰點，黛安娜王妃也因為媒體壓力陸續出現暴食、厭食等

黛安娜嫁給查爾斯王子，乘坐馬車接受民眾夾道歡呼。這像極了童話故事的情景，只可惜現實往往不如人意，這條皇家道路終究走不下去。

白宮宴會 1985年

黛安娜王妃和美國影星約翰屈伏塔在白宮宴會中翩翩起舞，兩人都是舞蹈高手，自然成為眾人矚目的焦點。

身心失調的狀況。查爾斯王子重回愛人卡蜜拉懷抱，黛安娜一直得不到丈夫的愛，轉而也尋求情人的安慰。不過婚外情的電話卻遭人非法錄音，媒體就像嗜血的兀鷹，樂得大肆報導此事，逼得黛安娜王妃只好上電視自清，公開查爾斯王子的情事以扳回一城。王子與灰姑娘的童話故事破滅，轉而變成八卦的分手擂台，雙方透過朋友、電視媒體指責對方不是，全世界都在看這齣王室鬧劇。最後連伊莉莎白女王也看不下去，終於同意這對怨偶離婚。兩人在1996年完成離婚手續，從此各奔東西。

黛安娜離婚後仍保有威爾斯王妃的頭銜，她辭掉一百多個慈善機構的職務，畢竟她不再代表英國王室了。不過她依然保留幾個她最關切的慈善工作，將更多心力投注在那些議題上頭。黛安娜也將過去七十多套過於花俏華麗的衣服整理出來，交由拍賣公司舉行義賣，把拍賣所得全數捐給英國愛滋信託基金。她的名氣依然居高不墜，甚至超越查爾斯王子和英國女王。她讓全世界都注意到愛滋病和反地雷等問題，替他們爭取更多的贊助和曝光機會。但是比起黛妃的善行，媒體最感興趣的還是她與多迪．法耶茲的新戀情。

多迪是埃及億萬富翁穆罕默德．法耶茲的兒子。家族擁有倫敦哈洛德百貨公司、巴黎麗池大飯店等等。多迪本身也是電影製作人，1997年夏天他和黛妃相戀，邀她到蔚藍海岸度假。回程在巴黎稍作停留，準備返回倫敦之際，卻在麗池大飯店遭狗仔隊圍堵。黛妃和多迪臨時搭上飯店的賓士禮車想突破媒體包圍，但媒體依舊緊追不捨，最後車子在巴黎亞瑪橋下的隧道入口發生意外。據說司機酒測值超過標準，加上黛妃和多迪沒有繫安全帶，兩人都因為傷重不治而去世。最離譜的是那群狗仔記者眼見車禍發生，竟然不幫忙救援，還拚命按快門搶畫面，這樣的行為引發世人譴責。

　黛安娜王妃去世的消息傳回英國，帶給英國民眾極度的震驚與悲傷。成千上萬的民眾紅著眼眶到黛安娜生前所住的肯辛頓宮獻花、點蠟燭致意。英國女王原先認為黛安娜已經不是王室成員，所以王室不需針對此事發表聲明。沒想到黛安娜王妃的影響力實在太深遠了，人民對王室的

黛安娜王妃與查爾斯王子 1986 年

照片攝影：Elke Wetzig / CC-BY-SA

圖為黛安娜王妃和威爾斯王子參加弟弟安德魯王子的婚禮。

懷念黛妃與多迪

照片：Bobak Ha'Eri

照片攝於倫敦哈洛德百貨公司一隅，紀念死於車禍的黛安娜和多迪。中間的金字塔裡面放著黛安娜車禍當晚所使用的酒杯，上面還有她的口紅印，另外還有多迪前一天買的訂婚戒指，看來兩人原本好事已近。

冷漠大表不滿，面對排山倒海的群眾壓力，英國女王在喪禮前一天總算透過電視發表談話，對黛安娜的死亡表達哀悼之意。

黛安娜的喪禮備極哀榮，民眾再度集結於街頭，流著眼淚送黛安娜王妃最後一程。事實證明黛安娜不需要任何皇家頭銜或身分，她早已是英國人民心目中永遠的王妃。

名氣成就了黛安娜王妃，最後卻也害死了她，只留給世人無限的追思與懷念。

自由之火

這個自由之火的雕塑就在巴黎亞瑪橋邊。黛安娜王妃就是在亞瑪橋下的隧道入口發生車禍的。

1~5 劃

大衛王（以色列）	David, King of the United Kingdom of Israel
大夏	Bactria
大流士三世（波斯）	Darius III, King of Persia
巴哈子爵	Vicomte de Barras
巴伐利亞的伊莉莎白	Empress Elisabeth of Austria
瓦拉多利德（西班牙地名）	Valladolid, Spain
水晶宮（丹麥）	Frederiksborg Castle
卡山德（馬其頓）	Cassander, King of Macedon
史塔黛拉	Stateira II
布西發拉斯	Bucephalus
尼卡暴動	The Nika Riots
布倫西爾德	Brunhilda of Austrasia
卡斯提爾的胡安娜	Joanna of Castile
卡斯提爾的腓力一世	Philip I of Castile
加布莉葉・埃斯特雷	Gabrielle d'Estrées
卡洛斯二世（西班牙）	Charles II of Spain
卡洛琳・瑪蒂達	Caroline Matilda of Great Britain
卡蜜拉（康沃爾公爵夫人）	Camilla, Duchess of Cornwall
史楚恩西	Johann Friedrich Struensee
布朗斯維克的卡洛琳	Caroline of Brunswick

6 劃

西雅帕蕾莉	Elsa Schiaparelli
西吉貝特	Sigebert I, King of Austrasia
西佩里克	Chiperic, King of Soissons
安提帕特	Antipater
托勒密王朝	the Ptolemaic dynasty
托勒密十三世	Ptolemy XIII
伊庇亞斯王國	Epirus
安妮・博林	Anne Boleyn
安德拉西伯爵	Gyula Andrássy
伊莎貝拉一世	Isabella I, Queen of Castile and Leon
伊莉莎白一世（英格蘭）	Elizabeth I of England
伊莉莎白二世（大英國協）	Elizabeth II, Commonwealth realm
伏爾泰	Voltaire
多迪・法耶茲	Dodi Fayed

7 劃

克麗歐佩特拉	Cleopatra VII, Pharaoh of Ancient Egypt
克理維斯的安妮	Anne of Cleves
克洛塔爾	Chlothar II, King of the Franks
克里斯提安七世（丹麥）	Christian VII of Denmark
呂底亞王國	Lydia
狄奧尼索斯	Dionysus
狄奧多拉	Theodora
狄奧多西一世（羅馬帝國）	Theodosius I
狄德羅	Denis Diderot
亨利二世（英格蘭）	Henry II, King of England
亨利二世（法國）	Henry II of France
亨利四世（卡斯提爾）	Henry IV of Castile
亨利四世（法國）	Henry IV of France
亨利七世（英格蘭）	Henry VII, King of England, Lord of Ireland
亨利八世（英格蘭）	Henry VIII, King of England and Ireland
希羅多德	Herodotus
希羅底	Herodias
希律王	Herod Antipas
希區考克	Alfred Hitchcock
利奧波德一世	Leopold I, Holy Roman Emperor

8 劃

拔示芭	Bathsheba
波魯斯（古印度）	Porus, King of Pauravas
芙蕾德貢	Fredegund
押沙龍	Absalom
阿方索五世	Alfonso V, King of Portugal and the Algraves
阿基里斯	Achilles
阿卡狄奧斯（東羅馬帝國）	Arcadius in the East
阿拉里克一世（西哥德）	Alaric I, King of Visigoths
阿道夫（西哥德）	Ataulf, King of Visigoths
所羅門王（以色列）	Solomon, King of Israel
亞多尼雅	Adonijah
亞歷山大 ・博阿爾內	Alexandre de Beauharnais
亞拉崗的凱瑟琳（英格蘭）	Catherine of Aragon
亞瑟王子（英格蘭）	Arthur, Prince of Wales
亞奎丹 （法國地區）	Aquitaine
亞奎丹的愛蓮諾	Eleanor of Aquitaine
亞歷山大大帝（馬其頓）	Alexander the Great (Alexander III of Macedon)
奈西雅	Nyssia
法蘭索瓦一世（法國）	Francis I of France
法侖提尼安三世（西羅馬帝國）	Valentinian III
波提耶（法國地名）	Poitiers
波提耶的黛安娜	Diane de Poitiers
金雀花王朝	House of Plantagenet
佩格米	Bartolomeo Pergami

9 劃

珍・西蒙	Jane Seymour
珍・奧斯汀	Jane Austen
約押	Joab
約翰二世（亞拉崗）	John II, King of Aragon
約瑟芬・博阿爾內	Joséphine de Beauharnais
約瑟夫一世（奧匈帝國）	Franz Joseph I of Austria
約瑟夫二世	Joseph II, Holy Roman Emperor
查士丁一世（東羅馬帝國）	Justin I
查士丁尼大帝（東羅馬帝國）	Justinian I
查士丁尼法典	Corpus Juris Civilis
查理五世（神聖羅馬帝國）	Charles V, Holy Roman Emperor
查爾斯王子	Charles, Prince of Wales
君士坦提烏斯 （西羅馬帝國）	Constantius III
君士坦丁堡（伊斯坦堡）	Constantinople (Istanbul, Turkey)
杜巴利夫人	Madame du Barry
屋大維	Octavius (Augustus)
施洗者約翰	John the Baptist
風特洛修道院 （法國羅亞爾河區）	Fontevraud Abbey, France
威廉王子	Prince William, Duke of Cambridge
哈利王子	Prince Harry of Wales

10 劃

烏利亞	Uriah the Hittite
馬克西米安一世（神聖羅馬帝國）	Maximilian I, Holy Roman Emperor
馬克・安東尼	Mark Antony
馬丁尼克島	Martinique
馬德拉群島（葡萄牙）	Madeira
拿破崙	Napoleon Bonaparte
夏洛特公主	Princess Charlotte of Wales
海倫・羅斯	Helen Rose
哥倫布	Christopher Columbus

11 劃

梅洛維克	Merovech of Soissons
康道爾國王	Candaules
莎樂美	Salome

12 劃

雅各賓黨	Jacobin Club
喬治三世（英國）	George III of the United Kingdom
喬治四世（英國）	George IV of the United Kingdom
喬治五世（英國）	George V of the United Kingdom
喬治六世 （英國）	George VI of the United Kingdom
斯提里科	Flavius Stilicho
凱瑟琳・霍華	Catherine Howard
凱瑟琳・帕爾	Catherine Parr
凱薩	Julius Caesar
凱瑟琳・梅迪奇	Catherine de Medici
斐迪南二世	Ferdinand II, King of Aragon, Sicily, Naples and Valencia
腓力二世（馬其頓）	Philip II of Macedon
腓力四世（西班牙）	Philip IV of Spain
普拉契狄亞	Galla Placidia
菲爾遜	Axel von Fersen the Younger

13 劃

雷尼爾三世（摩納哥）	Rainier III, Prince of Monaco
路易七世（法國）	Louis VII, King of France
路易十五（法國）	Louis XV, King of France
路易十六（法國）	Louis XVI, King of France
路易士領主	Louis de Brézé, seigneur d'Anet
路德維西二世（巴伐利亞）	Ludwig II of Bavaria
獅心理查（英格蘭）	Richard I, King of Enland
奧林匹亞絲	Olympias
聖塔克拉拉修道院（西班牙）	Santa Clara de Tordesillas, Spain
愛德華六世（英格蘭）	Edward VI England
愛德華八世（英格蘭）	Edward VIII England
莫札特	Wolfgang Amadeus Mozart
葛莉絲・凱莉	Grace Kelly

14 劃

華里亞（西哥德）	Wallia, King of Visigoths
嘉絲溫塔	Galswintha
赫菲斯欽	Hephaestion
維拉斯奎茲	Diego Velázquez
蓋吉斯	Gyges
赫拉克利斯王朝	Heraclids
瑪麗・梅迪奇	Marie de Medici
瑪格麗特・德蕾莎（西班牙）	Margaret Theresa of Spain
瑪麗・露易絲	Marie Louise of Orléans
瑪莉皇后（法國）	Marie Leszczyńska
瑪麗一世（英格蘭）	Mary I of England
瑪麗・安東妮	Marie Antoinette
華莉絲・辛普森	Wallis Simpson

15 劃（以上）

熱月黨	Thermidorean
墨菲夫人	Marie-Louise O'Murphy
葛路克	Christoph Willibald Gluck
霍諾留斯（西羅馬帝國）	Honorius in the West
戴瑞勒	Charles Guillaume Le Normant d'étiolles
優里狄斯（馬其頓）	Cleopatra Eurydice of Macedon
黛絲瑞・克拉利	Désirée Clary
黛安娜・史賓瑟	Diana Spencer
羅珊妮	Roxana
龐貝（義大利地名）	Pompei, Italy
龐芭度夫人	Madame de Pompadour
蘇菲太后（奧匈帝國）	Princess Sophie of Bavaria

陳彬彬，《藝術裡的地獄天堂》
（臺中市：好讀出版有限公司，2005）。

陳彬彬，《藝術裡的人體之美》
（臺中市：好讀出版有限公司，2006）。

田青、聞斌等編譯，《西洋繪畫 2000 年 1 從繪畫起源到哥德晚期》
（臺北市：錦繡出版事業公司，1999）。

黃文捷等編譯，《西洋繪畫 2000 年 3 古典主義及矯飾主義的繪畫》
（臺北市：錦繡出版事業公司，1999）。

田青、聞斌等編譯，《西洋繪畫 2000 年 4 十七世紀和十八世紀的繪畫》
（臺北市：錦繡出版事業公司，1999）。

田青、聞斌等編譯，《西洋繪畫 2000 年 5 從新古典主義到後期印象派》
（臺北市：錦繡出版事業公司，1999）。

Anthony F. Janso, *History of Art for Young People*, NewYork:Prentice Hall; 6 edition, 2002.

石井 美樹子『図説 ヨーロッパの王妃』河出書房新社 2006。

國家圖書館出版品預行編目資料

畫說歐洲王妃與情婦/陳彬彬著；－－初版.－－臺中市：
晨星，2013. 03
面；　公分.－－（Guide book；223）

ISBN 978-986-177-634-7（平裝）
1.后妃 2.女性傳記 3.歐洲

781.052　　101015079

畫說 歐洲王妃與情婦

作者　陳 彬 彬
主編　莊 雅 琦
執行編輯　陳 盈 燕
網路編輯　蘇 琬 婷
封面設計　尤 淑 瑜
美術編輯　尤 淑 瑜 、 許 芷 婷
內頁構成　尤 淑 瑜
圖片後製　陳 美 芳

創辦人　陳 銘 民
發行所　晨星出版有限公司
台中市 407 工業區 30 路 1 號
TEL:(04)23595820　FAX:(04)23597123
E-mail:service@morningstar.com.tw
http://www.morningstar.com.tw
行政院新聞局局版台業字第 2500 號
法律顧問　甘 龍 強 律師
初版　西元 2013 年 3 月 31 日
再版　西元 2014 年 9 月 19 日（二刷）
郵政劃撥　22326758（晨星出版有限公司）
讀者服務　（04）23595819 # 230

印刷　上好印刷股份有限公司

定價 250 元
(缺頁或損毀的書，請寄回更換)
ISBN 978-986-177-634-7
Published by Morningstar Publishing Inc.
Printed in Taiwan

◆讀者回函卡◆

以下資料或許太過繁瑣，但卻是我們瞭解您的唯一途徑

誠摯期待能與您在下一本書中相逢，讓我們一起從閱讀中尋找樂趣吧！

姓名：＿＿＿＿＿＿＿＿ 性別：□男 □女 生日： ／ ／

教育程度：＿＿＿＿＿＿

職業：□學生 □教師 □內勤職員 □家庭主婦 □軍警 □企業主管 □服務業 □製造業 □SOHO族 □資訊業 □醫藥護理 □銷售業務 □其他

E-mail：＿＿＿＿＿＿＿＿＿＿＿＿ 聯絡電話：＿＿＿＿＿＿

聯絡地址：□□□＿＿＿＿＿＿＿＿＿＿＿＿

購買書名：畫說歐洲王妃與情婦

• 誘使您購買此書的原因？

□於＿＿＿＿書店尋找新知時 □看＿＿＿＿報／雜誌時瞄到

□＿＿＿＿電台DJ熱情推薦 □親朋好友拍胸脯保證 □受海報或文案吸引

□晨星電子報 □看＿＿＿＿部落格版主推薦

□其他編輯萬萬想不到的過程：＿＿＿＿＿＿＿＿

• 本書中最吸引您的是哪一篇文章或哪一段話呢？＿＿＿＿＿＿＿＿

• 您覺得本書在哪些規劃上還需要加強或是改進呢？

□封面設計 □版面編排 □字體大小 □內容 □文／譯筆 □其他

• 美好的事物、聲音或影像都很吸引人，但究竟是怎樣的書最能吸引您呢？

□價格殺紅眼的書 □內容符合需求 □贈品大碗又滿意 □我誓死效忠此作者

□晨星出版，必屬佳作！ □千里相逢，即是有緣 □其他原因，請務必告訴我們！

＿＿＿＿＿＿＿＿＿＿＿＿＿＿＿＿

• 您與眾不同的閱讀品味，也請務必與我們分享：

□心靈勵志 □未來趨勢 □成功勵志 □自我成長 □宗教哲學 □正念禪修

□財經企管 □社會議題 □人物傳記 □心理學 □美容保健 □親子叢書

□兩性關係 □史地 □休閒旅遊 □其他

• 您最常到哪個通路購買書籍呢？ □博客來 □誠品 □金石堂 □其他

• 如果本書出版電子書，您是否會購買？ □會 □不會 □其他

• 如果您有興趣的書同時出版紙本書以及電子書，您會先選擇購買□紙本書□電子書□其他

• 您覺得哪些種類的電子書會讓您想要購買呢？

□心靈勵志 □語言學習 □美容保健 □親子叢書 □圖文書 □其他

以上問題想必耗去您不少心力，為免這份心血白費

請務必將此回函郵寄回本社，或傳真至（04）2359-7123

若行有餘力，也請不吝賜教，好讓我們可以出版更多更好的書！

• 其他意見：

晨星出版有限公司 編輯群，感謝您！

請填妥後對折裝訂，直接投郵即可，免貼郵票。

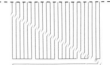

廣告回函
台灣中區郵政管理局
登記證第 267 號
免貼郵票

407
台中市工業區 30 路 1 號

晨星出版有限公司